es 1658
edition suhrkamp
Neue Folge Band 658

Noch immer bewegen sich die Debatten um die Zukunft Deutschlands vor allem auf tagespolitischer Ebene. Dieser Auseinandersetzung eine praktisch-philosophische Dimension zu geben, ist das Ziel der hier versammelten Arbeiten von Dieter Henrich. Den Deutschen hat sich nämlich nach vierzig Jahren der Stagnation, so der Autor, eine kaum noch erhoffte Zukunft erschlossen. »Nun muß sie in sehr kurzer Zeit soweit wie möglich gesichert und auf ein Fundament gestellt werden, das sich auf absehbare Zeit hin als tragfähig erweist – als der beste Grund, der in solcher Situation zu erreichen war, und gefeit gegen Fehlentwicklungen, deren Möglichkeit die historische Erfahrung niemanden vergessen lassen wird.« Diese Fundamentierung unternimmt der Autor, indem er den Gestaltwandel im Vereinigungsprozeß, den Profilwandel der Nation und die Bewußtseinslage nach der Vereinigung untersucht. Sein Fazit lautet: »Eine republikanische Verfassung und eine im Profil der Nation angelegte Lebenspraxis und Kultur haben die große Freiheitsaussicht, in der einen Republik Deutschland zusammengeführt zu werden.«

Dieter Henrich, Jahrgang 1927, lehrt seit 1981 Philosophie in München. Buchveröffentlichungen: *Hegel im Kontext* (1971), *Identität und Objektivität* (1976), *Fluchtlinien* (1982), *Selbstverhältnisse* (1982), *Der Gang des Andenkens* (1986), *Konzepte. Essays zur Philosophie in der Zeit* (1987), *Ethik zum nuklearen Frieden* (1990).

Dieter Henrich

Eine Republik Deutschland

Reflexionen auf dem Weg aus der deutschen Teilung

Suhrkamp

edition suhrkamp 1658
Neue Folge Band 658
Erste Auflage 1990

Erstausgabe

Satz: Uhl+Massopust, Aalen
Druck: Nomos Verlagsgesellschaft, Baden-Baden
Umschlagentwurf: Willy Fleckhaus
Printed in Germany

1 2 3 4 5 6 – 95 94 93 92 91 90

Inhalt

Einleitung

In Europa formieren sich die politischen Verhältnisse in einer Weise neu, die mit der Umgestaltung, welche Napoleon bewirkte, verglichen werden kann. Das Geschehen in Deutschland ist Folge und zugleich eine der wichtigsten Vollzugsweisen dieser Entwicklung. Den Deutschen hat es nach vierzig Jahren der Stagnation in ihren beiden Staaten an einer Weltgrenzlinie eine kaum noch erhoffte Zukunft erschlossen. Nun muß sie in sehr kurzer Zeit soweit wie möglich gesichert und auf ein Fundament gestellt werden, das sich auf absehbare Zeit hin als tragfähig erweist – als der beste Grund, der in solcher Situation zu erreichen war, und gefeit gegen Fehlentwicklungen, deren Möglichkeit die historische Erfahrung niemanden vergessen lassen wird.

Um die Wandlung, die sich im Geschick der Deutschen nunmehr vollziehen kann, angemessen zu begreifen, muß man weit ausholen: Das Siedlungsgebiet der Stämme, die sich seit dem Frankenreich über ihre Sprache als »deutsch« identifizierten, war bekanntlich weder im Osten noch im Westen durch natürliche Grenzen geschützt. Seit in der frühen europäischen Neuzeit auf beiden Seiten Nationalstaaten aufkamen, die sich Imperien erwarben, und seit die Einrichtungen des Feudalreichs deutscher Nation in den Religionskriegen zu zerfallen begannen, fanden sich die deutschen Staaten mehrfach in der Rolle von untergeordneten Spielsteinen einer europäischen Macht- und Gleichgewichtspolitik. Sie haben darauf, ausgehend von Preußen, mit der Einrichtung eines eigenen Nationalstaates reagiert. Bismarck gründete ihn sowohl auf demonstrierte militärische Macht als auf eine möglichst subtil ausgewogene Politik der Selbstbeschränkung und der Bündnisverflechtungen. Auf dem Weg, der in den Ersten Weltkrieg führte, und über dessen Ausgang ist aber das Programm einer durch Machtpolitik gesicherten Mittellage zusammengebrochen. Die Weimarer Republik, die ohne eine neue europäische Perspektive die Niederlage zu verwalten hatte, wurde von der Mehrheit der Deutschen nur unwillig akzeptiert. So konnte Hitler versuchen, das machtpolitische Programm schließlich doch noch durchzusetzen – in einer Vabanque-Politik, die schon in ihrer Anlage kriminell war, weil sie auf die Kolonialisierung des gesamten östlichen Europa ausging. Dem folgte ein sowohl moralischer wie militärischer Zusammenbruch, in dem Deutschland nur deshalb, weil es das erste Ziel der Niederwerfung durch die Alliierten war, dem Schicksal entging, auch zum ersten Ziel der atomaren Waffe zu werden. Die Teilung des Landes resultierte dann daraus, daß die beiden verbliebenen Großmächte, deren Armeen sich an der Elbe begegneten, auch die Hauptakteure in dem Konflikt zwischen politisch-ökonomischen Grundkonzepten waren – eine Konstellation, die selbst noch als eine Folge des Ersten Weltkrieges betrachtet werden kann.

Die Mentalität der Deutschen und das Profil ihrer Kultur haben sich während jener Jahrhunderte verwandelt, in denen Deutschland vor allem Objekt der europäischen Machtpolitik war. Die Zerstörungen und die Dezimierung der Bevölkerung im Dreißigjährigen Krieg haben die Nachgeschichte der Renaissance in Deutschland abgebrochen. Die deutsche Literatur und selbst die Hochsprache der Deutschen sind weder von Königshöfen noch von den Salons und Akademien in Metropolen bestimmt worden. Sie sind aus der Armut und der Innigkeit dörflicher und kleinstädtischer Verhältnisse, vor allem in deren Pfarreien aufgewachsen. Das erklärt, daß sich in dieser Sprache die aus der Spontaneität des Lebens aufkommenden Erfahrungen wie in keiner anderen artikulieren konnten, als mit Rousseau die gesamteuropäische Entwicklung solchen Erfahrungen eine alles erschließende Bedeutung zuzuerkennen begann. Es erklärt aber auch das ambivalente Verhältnis der Deutschen und ihrer Kultur zum republikanisch-öffentlichen Prozeß und der in ihm sich ausgestaltenden politischen Freiheit. Als sich in Deutschland die Machtpolitik des verspäteten Nationalstaates entfaltete, konnte dann die deutsche Mentalität unangesehen dessen, daß sie ihrem Ursprung und Profil nach zu einer republikanischen Entwicklung konsonant gewesen ist, dem Wertekanon der militärischen Subordination und des Couleurwesens einer Studentenschaft angepaßt werden, die sich ihrerseits aus republikanischen Anfängen in eine Übersteigerung pseudomilitärischer Verhältnisse hatte hineinziehen lassen.

In der Teilung ist, wie in einer heilsamen Quarantäne, dies alles abgefallen. Statt dessen kam aber eine Anpassung an die Mentalitäten der in den beiden Teilstaaten jeweils dominierenden Weltmächte in Gang – im Osten vor allem innerhalb der aufgeblähten Staatsbürokratien, im Westen in der Lebenspraxis der Menschen selber. Beide ergaben, in unterschiedlicher Weise und Wirkung, eine Entfremdung von den Potentialen der durch die deutsche Sprache und Kultur ermöglichten Lebens- und Verständigungsverhältnisse. Man mag das für unerheblich halten, wenn doch in einem damit die Quellen für weit verderblichere Fehlentwicklungen versiegt wären. Doch zumindest die, deren Aufgabe oder Los es ist, in den von jenen Potentialen eröffneten Bahnen zu denken und sie anderen zu vermitteln, hat diese Entwicklung nicht ganz gleichgültig lassen dürfen. Zudem lehrt die Geschichte der deutschen Mentalität von 1848 bis 1945, daß Brüche, welche dieser Mentalität bei der Umsetzung in politische Verhaltensweisen aufgedrängt werden, selbst die folgenreichsten Quellen für solche Fehlentwicklungen sind.

Inzwischen hat die Entwicklung der Weltlage, deren Anfang mit der Erfindung der nuklearen Waffe zu datieren ist, das Widerspiel zwischen den europäischen Nationalstaaten obsolet werden lassen. Dem wurde, in einem ersten Schritt, mit der Ausbildung der europäischen Gemeinschaft entsprochen, wiewohl sie auch eine Folge des Antagonismus zwischen beiden Weltmächten gewesen ist. In dieser Weltlage ist die wesentlichste Voraussetzung dafür entfallen, daß eine deutsche Politik zuallererst auf Machtsicherung in einer prekären Mittellage bedacht sein muß. Die eine Welt, die nur in einem globalen Ausgleich vor der selbsterzeugten Katastrophe bewahrt werden kann, hat auch Max Webers Urteil über die Tradition des deutschen Denkens wegfallen lassen: Daß es »der Forderung unseres Tages« nicht gewachsen sei, da es einer unpolitischen Epoche entstamme, in der die Deutschen ein Kulturvolk in »materieller Armut und politischer Ohnmacht und sogar Fremdherrschaft« sein konnten (Max Weber, *Gesamtausgabe,* Band 15, S. 184/5). Die Ohnmacht, die er im Auge hatte, war die in einem Mächtekonflikt, der als solcher inzwischen in der ihm selbst eigenen Ohnmacht zu einer Grundtatsache für jeden politischen Realismus geworden ist.

Im westlichen deutschen Teilstaat sind im Gange der Anpassung immerhin auch die republikanisch-politischen Verhaltensweisen eingeübt und angeeignet worden. Die Revolution im anderen Deutschland aber ist in ihrer ganzen Motivation republikanisch gewesen – eine Einforderung der Freiheit der »citoyens«, die von beinahe sechs Jahrzehnten durchlittener Erfahrungen ihren Ausgang nahm und ihre Glaubwürdigkeit erhielt. So zeichnet sich die Möglichkeit ab, nunmehr das Profil der deutschen Mentalität und ihrer Kultur mit einer republikanischen Verfassung des Lebens zusammenwachsen zu lassen. Auf diese Aussicht hatten deutsche Theoretiker im Zeitalter der Französischen Revolution, hatten die Studenten von 1817 und die Politiker der Paulskirche ihre ganze Hoffnung gesetzt – eine

Hoffnung, die vielleicht so lange hat vergeblich bleiben müssen, wie die Deutschen in ihrer Mittellage zugleich in den Antagonismus der imperialistischen Nationalstaaten Europas verwickelt geblieben sind. In einem damit ergibt sich die Aussicht, daß die in der deutschen Sprache und Mentalität gelegenen Potentiale wieder zu einem freien Gebrauch gelangen, und zwar in Beiträgen zur Selbstverständigung der Menschheit in der neuen Weltlage, die ebensowenig von Anpassung wie von störrischer Selbstüberhebung und von einem Anspruch auf elitäre Sonderwege geprägt sind.

Eine Entwicklung, die Aussichten wie diese verspricht, hätte eigentlich die deutschen Intellektuellen beredt werden lassen müssen. So hätte man erwarten können, daß sie das revolutionäre Geschehen in Deutschland mit einer Bemühung um Verständigung und um Klarheit über seine Perspektiven begleiten würden, die Rang und Gewicht des Geschehens entspricht. Doch zunächst herrschte Stummheit. Und noch immer ist die Zahl der Beiträge klein, die auf das Geschehen ein Licht fallen lassen, das mehr erfaßt als die Probleme, welche gerade die größte Dringlichkeit haben in dem politischen Prozeß, der aus der deutschen Teilung herausführen soll. Unter diesen Beiträgen ragt wieder einmal der von Jürgen Habermas hervor, dessen Diagnose des Geschehens hier aber in allem Wesentlichen widersprochen werden soll.

In der Reaktionsschwäche der deutschen Intellektuellen wird man wohl auch eine Folge der Anpassung an die Außenperspektive auf die Lage in Deutschland und der bloßen Eingewöhnung in die Teilung zu erkennen haben. Die Reaktionen im westlichen Ausland waren jedenfalls über Monate weit spontaner und von grundsätzlicherem Gewicht. Inzwischen versiegen sie auch dort; und man rätselt nun vor allem über die Stummheit der Deutschen und über die Syndrome von Gedanken und Motiven, die sich halb entwickelt hinter ihr verbergen möchten.

Aus dieser Situation erklärt sich die Publikation dieses kleinen Bandes. Zum letzten Jahreswechsel habe ich den Verleger zu drängen versucht, er möge dafür sorgen, daß die wichtigsten der westlichen Beiträge schnell gesammelt und gegen Ost-Mark in der DDR angeboten werden. Doch schien die Grundlage für einen solchen Band zu schmal geblieben zu sein. Später hat der Verlag einige Beiträge vorlegen können, und zwar innerhalb eigener Publikationen ihrer Autoren. Und zugleich legte er mir seinerseits es nahe, meine eigenen Texte im gleichen Medium der edition suhrkamp zur Verfügung zu stellen.

Diese Texte sind im Lauf der letzten sechs Monate niedergeschrieben und zum kleineren Teil in der *Süddeutschen Zeitung* veröffentlicht worden. Als Philosoph, der im Bewußtsein der Perspektiven arbeitet, welche die klassische deutsche Philosophie erschlossen hat, sah ich mich außerstande, in der Stummheit vor einem Geschehen zu verharren, das die Zukunft dieser Tradition ebenso berührt, wie es mit deren Geschichte verbunden ist. Auch hatte ich eben ein Buch abgeschlossen, das sich um eine Diagnose der Weltlage unter der nuklearen Bedrohung bemüht (*Ethik zum nuklearen Frieden,* Frankfurt 1990). Die Entwicklung in Deutschland, die von Gorbatschow wohl wissentlich ausgelöst worden ist, steht mit der Umbildung dieser Weltlage ganz unmittelbar im Zusammenhang, so daß es nahelag, sich über ihn auch Rechenschaft zu geben. Zum Hintergrund dieser Texte gehört aber wohl weiterhin auch, daß ich den Bau der Mauer als Berliner Professor erlebte und daß mir während bald zwanzig Jahren der regelmäßigen Präsenz in Universitäten der USA, die auch intellektuelle Zentren dieses Landes sind, die Anpassung und Unfreiheit in der intellektuellen Kultur der Bundesrepublik zu oft bedrückender Evidenz kam. Dennoch geht dieser Sammelband gleichermaßen auf die Initiative des Verlages wie auf meine eigene Initiative zurück.

Die vier Texte zur Verständigung über die Entwicklung in Deutschland nach dem 9. November 1989 sind mit einer Abhandlung zusammengestellt, der ein Vortrag in Weimar auf der Versammlung der Goethe-Gesellschaft im Mai 1989 zugrunde liegt. Er wurde unter zwei Riesenportraits von Stoph und Honecker gehalten und führte zu einer höchst lebhaften und ebenso anregenden Debatte. In diesem Text ist das Verhältnis der klassischen deutschen Philosophie zum Profil der deutschen Kultur und zur republikanischen Revolution in Frankreich in einer Weise erklärt, die vieles von dem vorausnimmt und ergänzt, was ich über die Zukunft der Deutschen zu sagen habe: Eine republikanische Verfassung und eine im Profil der Nation angelegte Lebenspraxis und Kultur haben die große Freiheitsaussicht, in der einen Republik Deutschland zusammengeführt zu werden.

München, am 9. Juni 1990 *Dieter Henrich*

I. Wandlungen im Übergang zur einen Republik Deutschland

I. Wandlungen im Übergang zur einen Republik Deutschland

1. *Gestaltwandel im Vereinigungsprozeß*

Zwei Phasen des Umbruchs in Deutschland liegen hinter uns. Wir sollten sie aus der Perspektive der Menschen im anderen Deutschland nachzuvollziehen wissen: Am Anfang stand, als geschichtliches Novum, die friedfertige Revolution und ihr beinahe müheloser Erfolg: Die Institutionen und die Sprachregelungen des außengesteuerten Einparteienstaates verflüchtigten sich. So trat das System der realen Machtausübung ans Tageslicht, soweit es sich nicht unter die Fittiche der sowjetischen Garnisonen bergen konnte: Überwachungsanlagen aller Art, eingezäunte Sonderbereiche vom Jagdrevier bis zum Waffenexportlager, auch Gräberfelder aus der Anfangszeit, die mit von dem allgemeinen Schweigegebot überzogen waren. In einem damit kamen die Produktivkräfte der Ökonomie des sozialistischen Vaterlandes zur Bilanzierung – mit dem Resultat, daß Fleiß und Findigkeit von Jahrzehnten in einen Rahmen eingebracht wurden, der ständig überlastet war. Er hatte nicht von Grund aus rekonstruiert und dynamisch gemacht werden können, sondern war nur an einzelnen Punkten hoher Präferenz gedehnt und durch Anbauten, die Westimitate waren, geschönt worden. Diese Doppelbilanz legte denen, die sie betraf, die Schlußfolgerung nicht mehr nahe, man solle die großen Ziele der Gleichheit und der Freiheit von Ausbeutung nunmehr ohne Zwang verwirklichen, aber dabei doch immer noch inspiriert bleiben von derselben Konzeption der deutschen und russischen Gründungsväter der Partei des unlösbar-ehernen Händedrucks.

In dieser Revolution hatten Wohlstandsziele die geringste Rolle gespielt. Die Not, die sie abschütteln wollte, war nicht die der Bauern, der Weber oder der Proletarier, deren Aufständen so viele Feiern gegolten hatten. Bei uns hat man ihr inzwischen schon vorgehalten, daß sie sich aller emanzipatorischen Programme enthielt. Sie war bürgerlich in dem von der geläufigen Gliederung des Geschichtsablaufs unberührten Sinn, der den »citoyen« über seine Freiheitsrechte definiert. Aber nicht nur die politischen Partizipationsrechte waren in dem Ruf »Wir sind das Volk« eingeklagt. Er begleitete die Demonstration der unzählbar vielen, die zeigten, daß sie sich der Gängelung nunmehr wirklich entziehen konnten. Welche anderen Rechte es waren, die von ihnen eingefordert wurden, war gleichfalls unüberhörbar: Freiheit in der Lebensgestaltung, zumal bei der Bewegung über Grenzen; keine Scheinwahlen und Wahlfälschungen, keine abgenötigten Bekenntnisse und Weihen; keine Privilegien, die einzig durch die Leistung des Ausforschens anderer erworben wurden; keine Polizei und Justiz, die Vollzugsorgane der Parteiziele sind.

Warum daran erinnern? Wir haben inzwischen einen

Gestaltungswandel des Umbruchs erfahren, den wir zutreffend deuten müssen – sei es, um in der politischen Bewegung, die uns nun ebenso wie die im ehemals anderen Deutschland betrifft, ohne Irritation auf dem richtigen Kurs zu bleiben, sei es nur, um zu verstehen, ohne ein Mißbehagen an der bundesrepublikanischen Wirklichkeit in eine fehlgehende Analyse der Motive der Menschen jenseits von Elbe und Thüringer Wald zu übersetzen. Zunächst schossen die Freiheitsforderungen in den Ruf nach der deutschen Einheit zusammen. Ein Vierteljahr später schien sich herauszustellen, daß der möglichst schnelle Zugang zur Deutschen Mark der harte Kern des Verlangens nach der Einheit der Deutschen gewesen war. Nun konnte man eine Fehlentwicklung diagnostizieren, die weitgehend der Intervention der Bundesparteien anzulasten war: von den Freiheitsforderungen zum latenten Nationalismus und innerhalb seiner dann auch noch zur Wirtschaftsbürgermentalität.

Läßt man sich aber auf die innere Genesis des Gestaltwandels ein, so zeigt sich schnell, daß diese mißmutige Diagnose die Befunde falsch einordnet. Die Forderungen nach der Einigkeit und nach der einen Währung gehen nämlich in ungebrochener Motivationslinie auf den Ruf nach Freiheitsrechten zurück. Wir sollten auch diese Linie in wenigen Schritten nachvollziehen: Die Betonschleuse an der Grenze war die unerläßliche Existenzbedingung einer eigenständigen DDR-Entwicklung und zugleich die Vorgabe für alle Gängelungen: sie sicherte die Verfügbarkeit der Bürger im Plan und bei der Überwachung. Und sie zog die Fiktion des sozialistischen Vaterlands samt der Ertüchtigung für seine Verteidigung nach sich. Mit dem Beton sind also nicht nur Machtmittel, sondern ebenso auch Unwahrheiten kollabiert. Die Mauergrenze in Deutschland stand ja für noch ganz anderes als den Verlust nationaler Integrität. Wenn aber ein Zwangsinstrument zerbricht, so versteht es sich, daß man um so bewegter ist von der nun spürbaren Nähe all dessen, was es weggedrängt halten sollte.

Was die aus dem anderen Deutschland nun zu sehen bekamen, konnten sie immer nur zugleich als das wahrnehmen, was ihnen bisher vorenthalten worden war. Wir wissen aber, daß Menschen nichts so sehr suchen als das, was ihnen unbilligerweise versagt wurde, und daß sie gegen nichts so sehr aufbegehren wie gegen Ungerechtigkeit. Beides ist in die Forderung nach der D-Mark eingeflossen. Die eigene Leistung hätte dasselbe verdient. Ohne wenigstens jetzt auf den Weg zu dem Verdienten zu kommen, würde das ganze Unrecht fortwirken. Vor dieser Möglichkeit konnte das Versprechen einer nunmehr freien und demokratischen Form von Sozialismus leicht wie eine Selbsttröstung in verlorenen Hoffnungen und über im Unrecht Verlorenes klingen. Was aber von nun wahrlich begreiflicher Begehrlichkeit in den Gestaltwandel immer hineingespielt hat – gerade wir sollten erkennen und denen im anderen Deutschland anerkennen, daß ihr Aufruhr gegen das Unrecht noch ebenso am Ende der Motivationslinie steht, der zu dem Gestaltwandel geführt hat, wie er an ihrem Anfang gestanden hat. Der Ärger über Mißtöne der Großmannssucht, die in manche Bonner Winke mit der D-Mark wirklich eingegangen sind, dürfte gerade dem Intellektuellen, dessen Herz links und also für die Bedrängten schlägt, die Einsicht in diesen Zusammenhang nicht verstellen.

Nachdem nun in der Währungssache die Entscheidungen gefallen, die Ziele und Termine fixiert sind, ist die Entwicklung in Deutschland in eine Ruhepause eingetreten – vergleichbar der zwischen zwei riskanten Therapien oder dem Winterquartier zwischen zwei Feldzügen. Die Politiker handeln Pläne und Positionen aus. Indessen werden die Menschen, die nun nicht mehr die ersten Subjekte des Handelns sind, von Besorgnissen heimgesucht. Bald wird der ökonomisch-monetäre Mechanismus der Hauptakteur sein. Bedenkt man, daß der Fall ohne Vorbild ist, und fügt hinzu, daß die auf Wiedervereinigung als Staatsziel festgelegte Bundesrepublik unvorbereitet und in sträflicher Planlosigkeit überrascht wurde, so ist schon auf unserer Seite ein gutes Quentchen Besorgnis vor der Währungsoperation nur realitätsgerecht. Denen im anderen Deutschland ist aber eine Umorganisation ihrer gesamten Alltagswahrnehmung abverlangt. Mit dem offenen Markt drängt auch die mit ihm verbundene psychische Konditionierung ins zuvor eingehegte Land. Unterschwellig-aggressive Werbung, deren Scheinglanz man sich nur mit einem distanzierten Verhältnis zu sich selbst entziehen kann; Geschäftemacherei, welche zuerst einmal die begünstigt, die in einem dubiosen Sinn die Tüchtigen sind; erhöhter Leistungsdruck, der nicht mehr von Parolen ausgeht, gegen die man sich die Ohren verstopfen konnte, sondern von der Selbsterhaltung am anonymen Markt. Das Netzwerk des Sozialstaates ist unentwickelt und unvertraut. Man weiß auch nicht, ob das, was es bestenfalls zu bieten hätte, einen vor dem Gefühl bewahren würde, sich als Almosenempfänger wiedergefunden zu haben.

Doch die Bangigkeit ist nicht Katzenjammer. Die Richtung, in welcher der Weg ausgelegt ist, steht nicht in Frage. Es ist nur die Erfahrung zu durchlaufen, die auch den Revolutionen von welthistorischem Gewicht nicht erspart war: Aus trüben Verhältnissen steigt nichts strahlend auf – es sei denn in der Oper. Und: Das zu gewinnen, was in der subjektlosen Dynamik moderner Gesellschaften »Freiheit« heißen kann, ist anderes als ein Anlaß zu ungebändigtem Frohsinn im Bewußtsein der Leichtigkeit des Lebens. Auch bei uns ergäbe sich ein Verstehensgewinn, wenn wir diese Einsicht mitvollzögen – wenn wir also nicht nur die Gabe der D-Mark halb gern halb genötigt überbrächten und uns auf die bisher hinter den Wahlversprechungen der Parteien versteckten erheblichen Kosten willig einstellten, die jeder aufzubringen haben wird. Im Prozeß der deutschen Einigung und an seinem Gestaltwandel ist auch viel über die Befindlichkeit des Bundesbürgers zu lernen und manches in ihr vielleicht auch zu korrigieren.

2. *Profilwandel der Nation*

Aus drei Gründen vor allem wollen wir, daß die staatliche Einheit in Deutschland wiederhergestellt werde: (1) Aus Solidarität mit denen im anderen Deutschland, die nur so von dem, was sie als Unrecht an sich und auch als historisches Unrecht erfuhren, dauerhaft freikommen können. (2) Um der Auflösung der Deformationen willen, die sich auch bei uns daraus ergeben, daß eine willkürlich gezogene Grenze unsere Lebensbedingungen weiterhin bestimmt und uns zwingt, die Wirklichkeit der Einheit der Nation zu verdrängen oder unter den Dauerverdacht des Ewiggestrigen zu stellen. (3) Um eines in eigenständig erschlossenen Blickbahnen ausgebildeten Weltverhältnisses willen – dem also, was mit »Kultur« eigentlich gemeint ist. Ohne ein solches Verhältnis haben wir in das heraufkommende Europa nur die Brigaden der Bundeswehr und unsere Wirtschaftskraft einzubringen. Ohne es kann aber auch die Betroffenheit von den Verfehlungen der eigenen Geschichte nicht frei von rituellen Zügen zur Wirkung kommen, die auf Dauer doch wohl Gleichgültigkeit oder Ressentiment bewirken würden.

Diese Gründe sollen heute nicht noch einmal zu Argumentationen entfaltet werden.[1] Ich schließe an sie Überlegungen an, die sich zunächst auf einen Aspekt

1 Vgl. u. S. 61 ff.

der erfreulich belebten Diskussionslage[1], und zwar auf die Frage nach dem Profil der Nation beziehen, die aus dem Prozeß der Vereinigung hervorgehen wird. Danach soll von Problemen und von der Bewußtseinslage der Republik Deutschland nach der Vereinigung die Rede sein.

Spricht einer von der Einheit der Nation im Zusammenhang mit der politischen Einheit, so setzt er sich der Mutmaßung aus, einem neuen Nationalismus zumindest Vorschub zu leisten. Wir haben jeden guten Grund, in dieser Sache skrupulös zu sein. Und so sei hier einiges zur Klärung beigetragen: Unter »Nationalismus« versteht man heute zumeist eine Verhaltensart, die sich im Bewußtsein der Überlegenheit eines Volkes über andere Völker mit der eigenen Machtentfaltung identifiziert und sie aggressiv gegen diese Völker wendet. Wir Deutsche haben eine solche Verhaltensart bis hin zu vielgestaltigem Verderben ausagiert. Wir müssen sie also mitsamt ihren Wurzelgängen ausgeräumt halten. Die stärkste dieser Wurzeln ist ein Nationalismus von zunächst gar nicht anrüchiger Gestalt, dem die Liebe zum eigenen Vaterland und die Bereitschaft, ihm zu dienen und für es auch zu leiden, als das höchste aller Güter, das »teuerste der Bande« gilt. Aber auch diesem Nationalismus können die Deutschen in keiner Weise mehr das Wort reden – und zwar ganz unabhängig davon, daß er längst keinen Anhalt mehr hat in der

1 Vgl. Jürgen Habermas, *Die nachholende Revolution*, Frankfurt 1990, S. 177ff.

Weltlage, die durch Außenperspektive auf den blauen Planeten und seiner einen Menschheit unter einer vielgestaltigen, zumal der nuklearen Bedrohung gekennzeichnet ist. Doch das einzige Mittel gegen die Abwege aller Nationalismen ist nicht die Identifikation mit einer republikanischen Verfassung, wobei gleichgültig bleibt, innerhalb welcher Grenzen und in welchen Horizonten gemeinsamer Erfahrung eine solche Verfassung eingerichtet und praktiziert wird.

Ursprünglich war »Nation« ein Wort, das einen zwiefachen Freiheitstitel markierte: Gegen die Eigeninteressen der Aristokratie wurde in Frankreich das Gemeininteresse des Volkes eingeklagt, das unter seinen Mitgliedern zugleich die Tugend des brüderlichen Einvernehmens freisetzt. 1888 hat Renan die Nation aus dieser Doppelperspektive definiert. Es gibt also Nationen ohne Sprachgemeinschaft und im selben Sprachraum mehrere Nationen. Aber auch sie entstanden nicht auf dem Reißbrett von Verfassungsrechtlern oder auf den Generalkarten, die Marschällen und Präsidenten zur Festlegung der Grenzen von Einflußsphären und Glacis dienten. Vielmehr sind sie, wie etwa die USA und die Schweiz, das Ergebnis von kollektiven Erfahrungen der Selbstbehauptung, die das Bewußtsein und die Lebenspraxis der Menschen umgebildet haben.

Karl Jaspers verlangte 1960, die Bundesrepublik müsse sich als eigenständiger Staat über den Prozeß einer neuen Verfassungsgebung durch das Staatsvolk konstituieren. Wer heute wieder bedauert, daß es dazu nicht kam, sollte doch die Logik nicht übersehen, die dem im Wege stand: Es gab keine Gemeinsamkeit eigenständig gewonnener Erfahrung, die eine solche Gründung auch noch unter Hinnahme des Preises der Aufgabe der Solidarität mit denen im anderen Deutschland von innen getragen hätte. Deren einzig konkrete Freiheitshoffnung war aber darauf begründet, daß der westliche Teilstaat die Einheit der Nation nicht ebenso dementierte, wie es die eigene Staatspartei, freilich erfolglos, zu tun versuchte.

Wäre die deutsche Teilung nicht die Folge neuerlichen Unrechts gewesen, das zudem die Menschen im östlichen Teil beinahe allein getroffen hat, und wäre ihr Vollzug nicht so harsch und von einer Kette neuer Gewaltmaßnahmen begleitet gewesen, so wäre es immerhin nicht ausgeschlossen gewesen, daß sich in den beiden Teilen ein Paar verschwisterter und befreundeter Republiken entfaltet hätte. So aber war die Forderung, im Westen eine eigenständige Republik auf Dauer zu stellen, mit der Aufforderung identisch, im Bewußtsein einer historischen Schuld gegenüber denen zunächst einmal indifferent zu sein, die ein Anrecht auf gegenwärtige Solidarität hatten, ohne zu ihr auch selbst aufrufen zu können.

Max Weber hat angemerkt, daß »Nation« ein Begriff sei, der zur »Wertsphäre« gehört. Das heißt nun aber nicht etwa, die Rede von einer »Nation« beruhe auf einer Fiktion und man könne folglich nach Belieben definieren, was eine Nation ist.[1] Es heißt vielmehr, daß

1 Vgl. Ulrich Greiner, *Das Phantom der Nation* in: *Die Zeit* Nr. 12 vom 16. März 1990, S. 67/68.

man nur an den akzeptierten Werten und nicht an irgendwelchen anderen Befunden erkennen kann, was eine Nation ausmacht. Dann aber ist die Nation in ihrer subjektiven Konstitution, welche die einzig reale ist, immer auch eine variable Größe. In historischen Prozessen kann sich ihr Profil verwandeln.

Der Gang der Geschichte in unserem Land über die letzten vierzig Jahre hat nun bewirkt, daß die Wertegemeinschaft, welche die deutsche Nation in Zukunft ausmacht, nicht allein die republikanische sein wird. Sie wird auch eine Komponente einschließen, die man traditional insofern nennen kann, als sie aus dem Anschluß an Weisen der Lebenspraxis und an Verständigungsweisen und Wertorientierungen in diesem Leben hervorgeht, die sich spätestens um den Dreißigjährigen Krieg auszubilden begannen und die der Zivilisation im bürgerlichen Deutschland des 18. Jahrhunderts schon eine besondere Prägung gaben. Dazu gehören, um wenigstens einiges zu nennen, die Distanz zu Stilisierungen, die sich aus der Anlehnung an aristokratische Ideale ergeben; eine Sensibilität für Bewegungen des Lebens, die sich spontan ausbilden und die großräumige ebenso wie kleinräumige Verhältnisse vielgestaltig und erfüllt sein lassen; die Hochschätzung der Ordnung von Alltagsgeschäften, die ihnen Konsistenz und Verläßlichkeit gibt – also scheinbar bescheidene Bildungsfaktoren einer Mentalität, die aber doch in die Formationsbedingungen kultureller Kreativität eingehen und die als solche erkennbar auch noch in der DDR und ihrer Literatur gewirkt hatten. Zu diesen Formationsbedingungen gehört, um wieder nur eines zu nennen, seit Luther, Bach, Herder und Kant die Überzeugung, daß Hochleistungen des Denkens und der Kunst nicht durch einen Sprung von einem vertieften Verstehen innerhalb der Alltagserfahrung des Lebens abgetrennt sein können.

Die republikanische Komponente wird, so darf man durchaus hoffen, in dem Wertesyndrom, welches das neue Profil der Nation ausmacht, den Vorrang, also die Stellung des Kerns und der conditio sine qua non haben. Dafür spricht, daß die politische Einheit der Nation nun auch in Deutschland die Folge der Selbstbehauptung der Freiheit sein wird. Im westlichen Teilstaat sind die freiheitlichen Einrichtungen zwar ganz den Siegermächten zu verdanken gewesen. Doch sind sie angenommen, eingeübt und zu einer vom allgemeinen Willen erfüllten Wirklichkeit geworden, wobei (aufgrund der Erfahrung der Rechtlosigkeit und wie im angelsächsischen Bereich) der Stärke und Unabhängigkeit des Rechtssystems und der Kontrolle von Legislative und Exekutive, die es auszuüben vermag, auch noch gegenüber dem eigentlich parlamentarischen Prozeß das größere Freiheitsgewicht beigemessen wird. All das war eine Voraussetzung für den nunmehr eigenständigen Freiheitsgewinn in den Krisen um Berlin und dann in der Revolution in den Städten der DDR.

Aber gerade in der Abwehr der Fiktion eines sozialistischen Vaterlands erwies sich auch das Bewußtsein als wirklich und wirksam, in der Vielfalt der Stämme, der Regionen und der Landschaften mit ihrem bis weit ins frühe Mittelalter zurückgehenden Eigenleben, doch ein Volk zu sein, für dessen Zusammenleben die politische Einheit der einen Republik die angemessene Organisationsform ist. In dessen gemeinsamer Sprache konnten nicht nur, wie bisher, Nachrichten und Programme empfangen werden. Es ließen sich nun Erfahrungen und spontane Regungen und Reaktionen auf den Gang der Ereignisse im Lande teilen und austauschen, die wirklicher und dem wirklichen Leben näher waren als die Verlautbarungen von Jahrzehnten. Der Fortbestand der Teilung war also nur noch als die ohne guten Grund erwirkte Fortdauer von künstlich und aus Machtinteressen geschaffenen, von in sich selbst eigentlich unwirklichen Lebensverhältnissen zu erfahren.

Dies Bewußtsein muß man wohl von dem Wunsch zu unterscheiden wissen, an das Jahrhundert der Träume und Taten des Zweiten und Dritten Reiches anzuknüpfen, über die sich die Deutschen, die Verspäteten im gemein-europäischen imperialistischen Positionskampf, in Wahrheit schließlich ganz verloren haben. Auch andere Völker standen aber nicht vor dem Nichts, als sie die Lasten der Ambition auf nationale Größe abgeschrieben hatten. Nun haben die Deutschen zwar Lasten von ganz anderem Gewicht zu tragen, die sie sich in der Schlußphase dieser Epoche aufluden. Heute sieht man aber doch wohl, daß nicht nur die Kultur in diesem Land, sondern auch seine Fähigkeit, sich über die Abwege seiner Geschichte wirklich Rechenschaft zu geben, durch die oktroyierte Grenzziehung eingeengt und befangen gemacht worden ist.

Und wirklich gibt es und erweisen sich noch immer als wirksam die von viel länger herkommenden Weisen der Lebenspraxis und der Verständigung, die auf jenen Abwegen wohl überlagert und deformiert, nicht aber schlechtweg diskreditiert oder zerstört worden sind. Die Riege der Neupolitiker in der Ostberliner Regierung veranschaulicht ziemlich überzeugend, wie gut sich die in diese Traditionen eingebildeten Werte an den republikanischen Kern eines verwandelten Profils der Nation anschließen lassen.

Daß auch solche Komponenten bei der Gründung der Republik Deutschland zu Gewicht und Wirkung kommen, muß man also nicht beklagen. Gewaltsame Grenzziehungen tragen eben wie nichts anderes dazu bei, daß Gemeinsames auf beiden Seiten der Grenze erfahren wird. Und was so neu erfahren wurde, ist noch anderes als die Gemeinsamkeit von Schuld und dem aus ihr folgenden Geschick, die wohl zu der Folgerung Anlaß geben könnten, man müsse nunmehr getrennte Wege gehen. Wer dies Gemeinsame analysiert, darf es natürlich nicht an dem ablesen wollen, was etwa als der »ethnische Bestand« des Landes zu fassen ist. Es ist auch falsch plaziert, wenn ihm zum Zwecke der Herabsetzung das Etikett »dumpf-emotional« angehängt wird. Jeder unserer Nachbarn nimmt dies Gemeinsame und seine Potentiale an uns wahr – zum Beispiel auch dann noch, wenn er das Verdämmern der »Lumières allemandes« in der europäischen Kultur bedauert. Wir scheuen uns ja auch nicht, über die amerikanische oder die französische Zivilisation und ihr besonderes Profil nachzudenken, ohne Menschen damit in ein ethnisches Stereotyp zu pressen oder sie eines Mangels an Rationalität zu bezichtigen.

Auch sind solche Gemeinsamkeiten, wiewohl »vorpolitisch«, für die Stabilität eines republikanischen Staates durchaus nicht irrelevant. Argumente sind ohne informelle Implikationen nur innerhalb der Konstruktion von formalen Systemen schlüssig. In jeder Sprache werden Bereitschaften aktiviert, gewissen Bahnen der Überlegung zu folgen. Es gibt auch keine bedeutende politische Rede, die nicht zur Sprache bringt, was in seinem Ursprung »expressiv« ist. Und auch Gefühle können vernünftig, sogar vernunftentsprungen sein. So ist Freundschaft, auch Völkerfreundschaft, etwas qualitativ ganz anderes sowohl als Haß wie auch als Zahnschmerz. Man braucht nur Mitterrands französischen Stil und Gestus zu betrachten, um all diesen einfachen Wahrheiten in einer Außenperspektive zur Evidenz zu verhelfen.

Daran erkennt man auch, daß sich die Frage, ob ein Staat samt seiner Gesellschaft republikanisch verfaßt ist, nicht schon damit entscheidet, ob der republikanisch-politische Prozeß vom Willen der Menschen getragen und in ihrem Verhalten beherrscht ist. Die informelle Verfaßtheit eines Staates und einer Nation ist republikanisch dann, wenn zwischen dem Verhalten im politischen System und den Lebensformen und Erfahrungsweisen der Menschen ein Übergang von der Art besteht, der es erlaubt, von einer bruchlosen Kontinuität oder gar einer Konkordanz zwischen beiden zu sprechen. Zum ersten Male haben wir Grund zu der Hoffnung, daß sich eine solche Konkordanz, die in jeweils eigener Weise für unsere westlichen Nachbarn, für die Schweiz und für die Vereinigten Staaten charakteristisch ist, auch in Deutschland ausbildet und bewährt.

Wir haben die Lehren der Zeit des Rheinbundes und seiner Vorgeschichte noch nicht gar zu lange hinter uns: Aus noch so guten Gründen lassen sich republikanisch gesonnene Staaten nicht ins Leben bringen, wenn sie zunächst einmal Spielsteine in einer strategischen Weltpartie sind. Die eine Republik Deutschland, die sich nun bilden kann, wird also von uns unter den Vorzeichen der beiden Tatsachen ausgestaltet werden dürfen, welche die Revolution im anderen Deutschland getragen haben: (A.) Sich als Volk konstituieren, heißt Freiheit und Solidarität in einem fordern. (B.) Die besseren Traditionen und Erfahrungsweisen in Deutschland können zusammen mit diesen Forderungen aufgerufen werden; und sie können dahin wirken, daß eine Republik in dem Leben dieses Volkes und in seinen informellen Verständigungsweisen verankert wird. Ein solcher Staat geht dann auch nicht profillos und von Verdrängungen gezeichnet in die Lebensgemeinschaft der Staaten und Völker in einem Europa ein, das ja gleichfalls nicht nur für Republikanismus, sondern für übergreifende Traditionen und Denkweisen steht. Die innere Mannigfaltigkeit einer modernen Gesellschaft im internationalen Verbund aushalten und integrieren kann überhaupt nur ein Staat, der über dafür geeignete, hinreichend starke und entwicklungsfähige Traditionen verfügt. Und weltoffen sind Völker, Staaten und Kulturen gewiß nicht schon dadurch, daß die Winde aller Richtungen durch sie wie durch eine Ruine hindurchgehen.

Erinnerungen an die Organisation des Völkermords durch die Deutschen werden dennoch immer Anlaß zu der Befürchtung geben, all dies möchte nur eine Staffage sein, hinter der sich am Ende doch wieder nur ein auftrumpfender Nationalismus erhebt. Da bleibt dann nur noch die Versicherung durch die Tatsache, daß sich das Land in einem nuklearen Friedenszustand dem militärischen Regime nuklear bewaffneter Mächte unterstellen wird. Auch in der noch durchaus vagen Aussicht auf eine »europäische Friedensordnung« kann und soll an dieser Tatsache nichts verrückt werden.

Im übrigen ist zu vermuten, daß mehr als nur einige Jahre vergehen werden, bis eine solche Ordnung konzipiert, eingerichtet und erprobt ist. Erst dann könnte sie vielleicht auch in weltweiten Krisen, die durch den Fortgang der Bevölkerungsexplosion und durch Klimaveränderungen ausgelöst werden, überzeugend die Sicherheit in und für Europa gewährleisten. Eine Republik Deutschland, die im Unterschied etwa zum Irak, zu Israel und zu Pakistan nur konventionell bewaffnet sein wird, bedarf bis dahin einer anderen Garantie. Sie kann nicht durch Konferenzen gegeben werden, sondern ist de facto von Nuklearmächten abhängig, die in Bündnissen eine herausragende Bedeutung haben können. Aber die Logik der Tendenzen, die durch die

Weltlage gegeben sind, veranlaßt die nuklear bewaffneten Großmächte selbst dazu, sich aus der Konfrontation und der Abschreckung eines halben Jahrhunderts herauszuarbeiten und zu einer wirksamen Interdependenz bei der Kontrolle und auch bei der Entwicklung ihrer nuklearen Arsenale zu gelangen. Wie schwierig und heikel sie auch ist, die Aufgabe ist also doch nicht unlösbar, die Republik Deutschland in solche Bündnisse so einzubinden, daß man sich vor ihr so sicher weiß, wie sie selbst wirklich gesichert ist. Überlegungen dazu, die inzwischen vordringlich geworden sind, führen hier aber ab und in andere Zusammenhänge.

3. Die Bewußtseinslage nach der Vereinigung

Auf dem Weg zur deutschen Einheit gehen wir durchaus nicht einer leuchtenden Zukunft entgegen. Zwar sind wir aus der Stagnation an einer Weltgrenze befreit. Es sind uns auch wesentliche und zukunftsträchtige Aufgaben gestellt, deren Lösungsrichtung nicht wie bisher durch die Konstellation festgelegt ist, die mit dem Ende von Hitlers Krieg eingetreten war. Zugleich ist das Land so offenkundig in die Interdependenzen eines Systems eingebunden, dessen Zentrum in den Vereinigten Staaten liegt, daß die Versuchung zum Ausscheren auf einen Sonderweg keine Chance hat, in ein irgendwie noch rationales politisches Programm übersetzt zu werden. Daraus ergeben sich Aussichten und Inspirationen, die einen neuen Anfang markieren und die langehin wirken könnten. Dennoch werden auch die jetzt Vierzig- und Dreißigjährigen zufrieden sein müssen, wenn es gelingt, zunächst einmal eine Ausgangslage zu schaffen, die nicht von der alten Befangenheit und von neuen Deformationen gezeichnet ist.

Zu ihr gehört als eine der ersten, wenn auch nicht als die schwierigste der Teilaufgaben die neue Verfassung. Eine ohnedies nötige Generalüberholung des Grundgesetzes würde der Entwicklung in Deutschland durchaus nicht gerecht. Eine solche neue Verfassung ist auch dann noch möglich, wenn die Vereinigung, mit Rücksicht auf den Zeitfaktor, als Beitritt zur Bundesrepublik erfolgt. Dann kann und sollte dieser Beitritt nämlich im Einverständnis darüber erfolgen, daß sich an ihn der Prozeß der Verfassungsgebung anschließt, den das Grundgesetz selbst so klar zum Zielpunkt des eigenen Verfassungszwecks erklärt.

Weit schwieriger wird es sein, die Lebensgemeinschaft der Deutschen in allen ihren Institutionen überzeugend zu verwirklichen und zugleich bei der Gestaltung der Außenbeziehungen zu wirklich tragfähigen Lösungen zu kommen. Jederzeit sind Rückstauwirkungen von Problemen her möglich, die sich widerständiger zeigen, als man erwartet hatte. Wir stellen uns besser darauf ein, daß die Auflösung von Stagnation und Anpassung, die, wenn auch in sehr verschiedenem Ausmaß, auf beiden Seiten der Mauer dominierten, nicht sogleich auch harmonische Verhältnisse und eine neue, zumal kulturelle Produktivität entstehen läßt.

Was die inneren Verhältnisse betrifft, so ist es eher wahrscheinlich, daß die Folgen der Teilung dort, wo sie am tiefsten einwirkten, zunächst nur oberflächlich auszugleichen sind. Die Effizienz am Markt und die Außensteuerung im Konsum werden denen von drüben auch dann noch lange als leere Glätte erscheinen, wenn sie sich ihr zunächst einmal eingepaßt haben. Die immerhin möglichen Synthesen zwischen einem Gemeinsinn, der aus der Intimität abgeschirmter privater Lebensverhältnisse hervorging, mit der westlichen Weltläufigkeit werden aber vorerst auf sich warten lassen. Auch verschwinden die weitausgreifenden, aber auch weitmaschig schlaffen Denkweisen eines monopolisierten Marxismus, der harte analytische Prüfungen weder vertrug noch lehrte, nicht schon mit dem allgemein werdenden Bekenntnis, daß diese Monopoltheorie am Ende ist. Aus solchen Spannungen werden wohl verdeckte Blockaden und Verwirrungen hervorgehen, über die hinweg nur sehr allmählich die fruchtbaren Folgen des Endes der Anpassung hervorgehen können.

Unter den Außenbeziehungen sind die zum östlichen Europa sowohl mit den größten Aussichten wie auch mit den erheblichsten Problemlasten verbunden. Die Völker an der Grenze zum deutschen Sprachraum erwarten von der deutschen Einheit, daß es ihnen leichter gemacht wird, sich wieder in die gesamteuropäische Entwicklung einzugliedern. Bevor die Deutschen sich mit der allerletzten Form imperialistischer Politik gegen den Osten wendeten, haben sie dort über viele Jahrhunderte eine willkommene Mittlerrolle gespielt.

Was ehedem Königsberg für Balten und Russen bedeutete und was Jena zu Zeiten für die Verbreitung der modernen Philosophie in Ungarn leistete, könnte nun in Berlin und Dresden mit ihrer neuen Grenznähe wieder aufgenommen werden. Durch die Vertreibung der Deutschen aus ihren Siedlungsgebieten sind, freilich über die letzten Exzesse von Unrecht und Gewalt, die Hitlers Krieg nach sich zog, die wichtigsten Gründe für alte Dauerkonflikte entfallen. Ganz neue Formen der Kooperation zeichnen sich ab, auch im ehemals deutschen Siedlungsgebiet. Aber sie können leicht wieder belastet und zerrieben werden – durch Erinnerungen, durch ein schroffes Wohlstandsgefälle, das sogar eine mildere Variante der Mauer an der Oder entstehen lassen könnte, durch Spannungslagen in und zwischen Staaten, denen es nicht gelingt, aus der Kommandowirtschaft herauszufinden, ohne daß sich ruinöse soziale Konflikte aufbauen. Die deutsche Politik muß also aus einer ganz anderen als einer in schönen Worten bezeugten Sensibilität und aus profunden Kenntnissen und Lagebeurteilungen heraus wirken – in einer Bemühung, die nicht auf den schnellen Erfolg eingestellt ist. Die vom Grundgesetz bewirkte, wenn auch nicht gewollte Vormacht der Parteien und ihrer Funktionärspolitiker macht es unwahrscheinlich, daß die für solche Aufgaben Geeigneten in hinreichender Zahl an die Schaltstellen der politischen Entscheidungen gelangen.

Die größte dauernde Aufmerksamkeit wird die Gestaltung der Beziehungen zur Sowjetunion verlangen. Die hoffentlich fruchtbare Krise dieser Weltmacht, die zugleich das letzte europäische Reich ist, vollzieht sich vor unseren Augen. Aber der Gang der Vereinigung in Deutschland muß selbst auch als deren Folge und als ein Teilprozeß innerhalb ihrer betrachtet werden. Das Gewicht der Probleme, die sich daraus in diesem Gange ergeben, wird noch immer unterschätzt. Immerhin wird sich der Geltungsbereich unserer Währung bald über ein Gebiet schieben, auf dem zumindest noch für Jahre ein Riesenkontingent der Roten Armee steht. Es wäre, um nur eine extreme Möglichkeit zu nennen, durchaus imstande, die Grenze an Elbe und Thüringer Wald auch ohne deutsche Hilfstruppen wieder zu schließen. Doch das ist nur der äußerlichste Grund dafür, die Aufgaben einer deutschen Ostpolitik, die nunmehr im Dienste der europäischen Integration steht, für noch lange nicht beendet zu halten.

In Gorbatschow machen die Deutschen Erfahrungen mit einem russischen Intellektuellen an der Spitze der Sowjetunion. So wird ihnen hoffentlich nicht nur deutlich, daß Hitlers machtpolitisches Grundkonzept einer nach Osten gewendeten Kolonialisierungspolitik nur aus völliger Unkenntnis der Zivilisation Rußlands hervorgehen konnte – darin nicht einmal unähnlich der Politik Stalins, dem diese Zivilisation gleichfalls fremd geblieben ist. Sie werden auch verstehen, wieviel sie selbst und wieviel Europa von der Vertrautheit mit dieser Zivilisation, in ihren Potentialen wie in ihren Konflikten, gewinnen würde.

Berlin ist der Ort, von dem aus diese Aufgabe langfristig mit der größten Kompetenz und aus der für sie günstigsten Lage und Atmosphäre heraus gelöst werden kann. Das rheinisch-römische Bonn liegt zu Osteuropa und vor allem von Osteuropa aus gesehen in einer zu großen äußeren und inneren Distanz. Umgekehrt liegt Berlin noch immer weit näher zu Brüssel und Straßburg als Athen und Lissabon, und in Wahrheit zentral im nicht mehr nur west- und südeuropäischen Europa.

Im deutschen Bewußtsein ist ohnedies ein Wandel der Wahrnehmung der eigenen Situation im Gange. Die politische Problemlage des Landes ist nicht mehr aus einer fixierten Position im Vorfeld des Westens herzuleiten. So ist die politische Grundorientierung und Imagination auch nicht mehr auf eine einzige Hauptlinie festgelegt: das schützende Amerika im Rücken, ins westliche Europa an der Rheinlinie einbezogen und gegen die Macht an der Mauer im Osten sich stemmend.

Wir kennen nicht nur in abstraktem Wissen, sondern wir erleben wieder die Mittellage »unter den Völkern«. Das sollte auch zur Folge haben, daß wir die Fehlentwicklungen der Vergangenheit besser verstehen, indem wir Spuren der Ansätze, aus denen sie aufkamen, selbst wieder nachvollziehen müssen. So erst können wir dahin wirken, sie von Grund aus in uns selbst und somit glaubwürdiger für die anderen zu revidieren.

Nur eine der zahlreichen inneren Fehlentwicklungen wäre die schematische Übertragung des bundesrepublikanischen Föderalismus auf die Kultureinrichtungen der DDR. Die föderative Verfassung, die den Zentralismus der DDR ablösen wird, ergibt einen Zugewinn an republikanischer Substanz und eine Stärkung von deren Garantien, die hochzuschätzen sind. Daß aber der Föderalismus von Ländern, die überwiegend Kunstprodukte sind, in der bundesrepublikanischen Kulturpolitik ohne hinreichend starke Kontrapunkte etabliert worden ist, hat bei uns, mit einigen Ausnahmen, nicht zu wirklicher Vielfalt, sondern zu zweierlei geführt: zur Ausbildung eines ziemlich immobilen Länderkartells und zur Verteilung von Kultureinrichtungen (wie Universitäten) einzig nach dem Gießkannenprinzip. Es ist aber erwiesen, daß deren Verdichtung in wenigen Regionen die größte Produktivitätschance für alle mit sich bringt. Die USA wären gewiß nicht die erste Wissenschaftsnation geworden, wäre ihr Föderalismus nicht ständig durch machtvolle private Institutionen herausgefordert, die – anders als in Deutschland – durchaus dazu imstande sind, Maßstäbe zu setzen und Quellen von institutioneller Phantasie und der nötigen Konzentration auf die Förderung besonderer Leistungen zu sein.

Schon sind Länderfürsten verschiedener Couleur, auf kurzsichtigen Vorteil bedacht, dabei, Berlin aus der Rolle der Hauptstadt herauszudrücken – und zwar ganz unbedrängt von Bedenken des Auslands. Dort ist nämlich Berlin nicht nur durch die Übel, die in der Stadt ausgeheckt wurden, sondern durch die vierzig Jahre seiner republikanischen Leistungen in Erinnerung. Offenbar gibt es auch in der vermeintlich so mobilen Generation der in der Bundesrepublik Geborenen bereits renitente Gewohnheiten, die sich nun dagegen sperren, das in langem Lippendienst wie selbstverständlich Zugesagte auch wirklich zu vollziehen. In der Bereitschaft, mit der Gabe der D-Mark denen im anderen Deutschland nunmehr die Hauptstadt zu entziehen, kann man doch wohl auch einen Dünkel von Selbstgerechten und Selbstzentrierten am Werke erkennen. Er verbirgt sich nur hinter der Bereitschaft, aus den vergleichsweise sehr geringen Risiken, die mit einer Hauptstadt Berlin auch verbunden sein mögen, eine Prinzipienfrage für die republikanische Zukunft Deutschlands zu machen.

Im Fluge wird Berlin freilich gewiß nicht wieder zu der dem Bundesstaat in Wahrheit förderlichen Metropole werden. Auch deshalb sollte man einem Großberliner Senat die Akademien und die Universität im Osten der Stadt nicht überantworten. Die Erfahrungen mit einer provinziell-hektischen Berliner Kulturpolitik, übrigens auch mit anderen Stadtstaaten, lassen vermuten, daß diese Einrichtungen selbst bei der Stiftung Preußischer Kulturbesitz besser aufgehoben wären. Die Rolle einer Hauptstadt ist es im übrigen nicht, alle Produktivität im Lande an sich zu ziehen, sondern in den Ländern die Konkurrenz zu provozieren. Nur so kamen ehedem Baden, Bayern und Sachsen zu drei Universitäten von Weltrang.

Die Zuordnung von Kultureinrichtungen ist freilich ein kleines Problem verglichen mit denen, die uns mit einer Republik Deutschland im größeren Europa aufgegeben sind. Doch läßt sich auch an ihm klar erkennen, wie schnell im Rückstau und in Gewöhnungen die besten Möglichkeiten vertan sein können. Seit den Reformen von Hardenberg, Humboldt und Stein und seit der Zeit der Paulskirche war aber in Deutschland und für Deutschland keine bessere Zukunft erschlossen. Wir müssen, da sie durch Umstände außerhalb unserer Macht und unseres Verdienstes so sehr begünstigt ist, zuerst dankbar für sie sein. Dann aber sollte sich jeder nach seinen Möglichkeiten darum bemühen, daß sie uns nicht entgleitet und daß wir sie uns nicht verkümmern lassen.

II. Drei Texte zur deutschen Einheit

In eine Lebensgemeinschaft mit dem anderen Deutschland zurückfinden

Die Politiker dieses Landes mahnen überall zur Besonnenheit. Doch muß man sich auch fragen, ob wir wohl den Mut und die Phantasie aufbringen werden, die nötig sind, um auf die offene deutsche Frage planend und handelnd zu antworten. Beides gehört zusammen. Denn Besonnenheit ist nicht zu verwechseln mit der Passivität, die immer nur von den durch andere bewirkten Verhältnissen aus denken kann. Und Mut und Phantasie unterscheiden sich von Himmelstürmerei dadurch, daß sie die Realitäten nicht überfliegen. Doch das heißt wiederum anderes, als sie für unverrückbar zu halten. Beides zusammen, Besonnenheit und Mut, machen das aus, was Max Weber als »Augenmaß« für die Haupttugend des Politikers hielt.

Über lange Zeit ist wenig von dieser Tugend in der Politik unseres Landes zu erkennen gewesen. War es doch zu erwarten, daß eine Veränderung an der Grenze zwischen den beiden Weltmächten in Deutschland nicht in derselben Bewegungsart vor sich gehen würde wie die europäische Integration – ein evolutionärer Prozeß innerhalb vorgegebener Verhältnisse. Aber die Anstrengung, gerade dieser Veränderung voranzudenken, ist seit den sechziger Jahren immer geringer geworden. Selbst die Kenntnisse über die inneren Verhältnisse der DDR waren, auch nach der dosierten Öffnung in Richtung Osten, immer noch im Rückgang. Daß eine wirkliche Veränderung nur von Veränderungen in der Sowjetunion ausgelöst werden könnte, war ebenso offensichtlich. Aber auch den Veränderungen dort hat niemand vorausgedacht, obgleich sie sich seit langem abgezeichnet hatten. Und doch war dies eine Aufgabe, die unser Volk in ganz anderem Maße betraf als jedes andere außerhalb des Warschauer Paktes.

Auch daran können und sollten wir uns klarmachen, weshalb auch wir der Wiederherstellung der Lebenseinheit der Nation *bedürfen*: Das Leben an einer Weltgrenze, welche das Land teilt, beengt das Denken, es beflügelt es nicht. Die deutsche Teilung hat sich darum bei uns nach innen ausgewirkt – in der Mentalität, in der Befangenheit im intellektuellen Leben. Wer oft draußen lebte, hat dies immer und mit Schmerz gespürt: Man paßt sich ein, spricht in Sprachen und Formeln, von denen man vor allem weiß, daß sie anderswo Zustimmung finden, die Kreativität verkümmert, so wie man das gesamte System der Bildung hat verkümmern lassen, um dann mit gebündelter Finanzkraft die Spitzenforschung im Dienste der technisch-ökonomischen Konkurrenzfähigkeit zu stimulieren.

Aber solche Anpassung ist so wenig Augenmaß wie trotzig-töricht eingeschlagene Sonderwege. Sie gibt auch den Nachbarvölkern, die mit Grund solche Wege fürchten, keine Sicherheit vor ihnen. Die historische Erfahrung hat sie mehr als uns gelehrt, daß die Rede dessen, der nur angepaßt spricht, keine Kraft mehr hat, wenn sich die Wirklichkeit abrupt neu zu formieren beginnt.

Man gesteht uns das Recht auf Selbstbestimmung zu. Und hier applaudiert man der Forderung der Menschen in der DDR nach solcher Selbstbestimmung. Sehr zu Recht, und wir sollen, wie es auch heißt, nicht versuchen, sie zu bevormunden. Aber zur Selbstbestimmung gehört auch, daß man die eigene Lage und die eigenen Interessen kennt. Und unser Interesse ist es, in eine Lebensgemeinschaft mit den Menschen im anderen Deutschland zurückzufinden. Daß in Sprache und Erfahrungsart nicht allzuviel von ihr verloren wurde, haben diese Tage auch denen gezeigt, die es nicht ohnedies wußten. Wir bevormunden die im anderen Deutschland nicht, wenn wir sie wissen lassen, daß auch wir sie brauchen. Ihr so viel härteres, Wachheit forderndes Leben hat sie beweglicher gehalten. Auch ist drüben vieles von dem lebendig geblieben, was der Deutschlandfunk seit vierzig Jahren jede Stunde in der Gestalt seines Pausenzeichens hinübergesendet hat: Von einem »Land voll Lieb' und Leben« – einem Land also auch, das nunmehr endlich sowohl frei als auch friedfertig zu sein vermag im Bewußtsein der Verfehlungen seiner Geschichte.

Mut und Phantasie sind wahrlich nötig bei der Erkundung aller möglichen Antworten auf die Frage, wie eine wirkliche Lebensgemeinschaft erreicht werden kann, die unseren Nachbarn größere, nicht geringere, Sicherheit in den Beziehungen mit ihnen gibt, die sich weiter verdichten sollen. Die Einheitsform des alten Nationalstaates ist nicht der einzig denkbare Weg. Und ein »Anschluß« der DDR an die Bundesrepublik stand niemals in Frage. In Aussicht steht aber wohl irgendwann und womöglich bald und hoffentlich noch zu unserer, der Älteren, Lebenszeit die Verfassung einer Republik Deutschland, in der auch die Bundesrepublik aufgehen würde.

Die Probleme auf dem Wege zu diesem Ziel sind von gewaltiger Schwierigkeit. Konkretere Auskunft über sie findet man auch jetzt nur in den Wirtschaftsteilen der Zeitungen. Das öffentliche Gespräch, aber auch die Gedankenarbeit in den ehemals zahlreichen Studiengruppen, ist seit dem Bau der Mauer allmählich zum Erliegen gekommen. Es allseitig wieder in Gang zu bringen und der Reaktionsschwäche und Sprachlosigkeit der Politiker nicht das Feld zu überlassen, ist Aufgabe auch der deutschen Zeitungen. Sie werden doch nicht dem nur nachhinken wollen, was schon die von ihnen abgedruckten ausländischen Pressestimmen zu sagen wissen.

(12. 11. 1989)

In der Gunst der Stunde ohne Schlafmütze

Nach einem Monat der Sprachlosigkeit hat Kanzler Kohl mit seinem Zehnpunkteplan zu der rapiden Entwicklung an der innerdeutschen Grenze in einer Weise gesprochen, die wenigstens grundsätzlich angemessen ist: Nicht in mahnenden Floskeln oder mit einem in hundert Wahlkämpfen vernutzten Pathos, sondern aus einer antizipierenden Anstrengung des Denkens und Planens, die erkennen lassen könnte, man werde von Bonn aus nicht immer nur weiter auf Ereignisse reagieren, die wie Tschernobyl oder ein Erdbeben über uns gekommen sind.

Dem ist zu applaudieren, wie es im Bundestag für einen Moment auch geschehen ist. Die Menschen in Deutschland, zumal in seinem anderen Teil, sind von den Ereignissen dieser Entwicklung erschüttert worden, aber auch in eine gespannte Erwartung versetzt, in der große Hoffnungen von großen und kleinen Besorgnissen durchherrscht sind. Wer eine Politik verantwortet oder gar ihre Leitlinien bestimmen soll, kann das nicht nur registrieren oder gar ruhigstellen wollen. Er muß wissen lassen, wie er das, was geschieht, selbst versteht, wie es in vernünftigem Handeln aufgenommen werden kann und was aus diesem Handeln hervorgehen kann und soll.

Inzwischen bestimmen aber wieder der eingeschliffene Positionskampf der Parteien und deren Wahlkalkulationen die Szene. Und die Berichte bestätigen sich, daß auch Kanzler Kohls Zehnpunkteplan überwiegend aus solchen kalkulierenden und somit reaktiven Rücksichten eilig zusammengestellt worden ist. Dafür spricht insbesondere die Nachlässigkeit bei der diplomatischen Vorbereitung jener Verlautbarung. Nun müssen die Besorgnisse der umliegenden und aller betroffenen Staaten und ihrer Politiker so gut es noch geht zerstreut werden. Und das geschieht zu hohen Kosten auf seiten des Spielraums des Handelns und auch um den Preis der nun wieder nur stereotypen Versicherung, man werde die nächsten Schritte auf dem Wege zur europäischen Integration genauso mitgehen, wie wenn nichts geschehen wäre und wie wenn nicht sehr bald schon auch noch ganz anderes zur Entscheidung stünde.

Es ist zwar wahr: Der Weg zur Lebensgemeinschaft der Deutschen und der Weg zur Vollendung der europäischen Integration bilden zusammengenommen nicht eine unlösbare Aufgabe wie die Quadratur des Kreises. Wohl aber bilden sie eine Aufgabe von höchster Schwierigkeit. Sie läßt sich nicht dadurch lösen, daß man die eine Teilaufgabe als feste Größe fixiert und daß man sich dann an die als solche leicht zu erkennende Fiktion klammert, die andere Teilaufgabe werde ganz in dem Takt gelöst werden können, der für die erste vorgesehen war. Alle eruptiven und insofern revolutionären Prozesse führen durch eine schnelle Abfolge von Stadien. Und auf jedem dieser Stadien haben stets noch viele gehofft, daß man an ihnen lange festhalten und so den ganzen Gang in beruhigte Bahnen lenken könne – aber stets auch vergeblich.

Dafür, daß dies auch jetzt, so wie vor 200 Jahren in Frankreich, nicht möglich sein wird, sorgt allein schon der Druck, der von den ökonomischen Problemen ausgeht. Die offene Grenze in Deutschland und die Krisis des ökonomischen Systems der DDR zwingen zu sowohl schnellem wie auch weitgehendem Handeln, wenn nicht die Fluchtbewegung wieder in Gang gebracht oder die gewaltsame Rücknahme der Öffnung riskiert werden soll. Es ist kein solches Handeln abzusehen, das nicht alsbald die politischen Realitäten jenseits der innerdeutschen Grenze, die eine Grenze von Blöcken und Ideologien gewesen ist, noch sehr viel weitergehender verändert, als dies ohnehin schon geschehen ist.

Dem ist vorauszudenken – nicht in festgeschriebenen Programmen, wohl aber in konkret beschriebenen Alternativen, zu denen übrigens der simple Anschluß der DDR an die Bundesrepublik nicht gehören kann. Ohne solche Klarheit bleibt sowohl alles Handeln wie auch die Verständigung mit den betroffenen Staaten und Mächten ohne Orientierung und ohne die Übersichtlichkeit, die allein Vertrauen und die handelnde Einstimmung der anderen zu gewinnen vermag.

Antizipierend muß das deutsche politische Denken insbesondere auch in Beziehung auf die Gesichtspunkte und die Interessen der anderen sein. Sie müssen einsehen und annehmen, daß sich der Entwicklungstakt an der Grenze der Blöcke gerade in Deutschland nicht mit dem Hinweis auf »Realitäten«, welche die Sieger des Zweiten Weltkrieges geschaffen haben, zur Ruhe bringen läßt. Sie werden den Gang in der von uns erhofften, begrüßten und zu begünstigenden Richtung nur dann hinnehmen und fördern, wenn ihre eigenen Interessen dabei auch von uns aktiv aufgenommen und in Rechnung gestellt werden. Gorbatschow fragt uns insofern ganz zu Recht: »Versteht ihr auch uns?«

So müßten wir, um nur ein Beispiel zu nennen, klarmachen, wie man die militärisch wirksame Präsenz von Divisionen der beiden Großmächte auf deutschem Boden garantieren will für den Fall, daß eine Lebenseinheit der beiden Deutschland, die nun möglich geworden ist, wirklich gewonnen wurde. Ist diese Einheit überhaupt aus politischem Handeln zu gewinnen, bleibt sie also nicht einem vermeintlich selbsttätigen »Gang der Geschichte« und damit Sankt Nimmerlein anheimgestellt, so unter Umständen von der Art derer, die nunmehr eingetreten sind. Der Gunst der Stunde, die sich genau so nicht wiederholen wird und die sich nicht beliebig ausdehnen oder in eine Zukunft, die uns nicht mehr betrifft, umdatieren läßt, haben wir gewachsen zu sein – in wacher, einfallsreicher und allseitig orientierter Verantwortung.

Es ist darum auch hoch an der Zeit, daß die polnische Westgrenze mit klaren Worten als endgültig anerkannt wird. Ein Friedensvertrag würde immer noch genug Spielraum lassen, viele Regelungen auszuhandeln, welche die irreversible Amputation deutscher Gebiete und ihre Folgen erträglicher machen. Wir können nicht erwarten, daß die Polen und ihre Freunde eine Lebenseinheit der beiden Deutschland anders als mit Beklemmung aufkommen sehen, wenn Grenzvorbehalte noch im Spiel sind und wenn zugleich ein nicht mehr geteiltes Berlin gerade 70 Kilometer von dieser Grenze entfernt, also in gänzlich dezentraler Lage, einige Funktionen auch der politischen Kapitale Deutschlands zu übernehmen beginnt. Selbst die freiheitsfrohen Amerikaner, die sich als erste von der Freiheitsperspektive der Lebensgemeinschaft der Deutschen haben begeistern lassen, werden diesem natürlichen ersten Endpunkt des schon absehbaren Entwicklungsganges nur zustimmen, wenn wir deutlich machen, daß wir wissen, was vielen anderen damit, daß sie das Selbstbestimmungsrecht aller Deutschen nunmehr nicht nur verbal stützen, zugleich auch zugemutet ist – und wenn wir daraus Folgerungen ziehen.

Sonst läßt sich absehen, daß unsere Nachbarn (die Italiener bemerkenswerterweise zur Zeit voran) die vier Sieger- und Schutzmächte und unter ihnen das längst besorgte europäische Frankreich dazu drängen werden, dem Prozeß, der auf die deutsche Lebensgemeinschaft hin tendiert, möglichst viele Stolperdrähte über den Weg zu ziehen. Doch nur dann, wenn dieser Prozeß nicht abgebrochen wird, kann für uns die Nachkriegszeit auch im inneren Leben abgeschlossen werden, so daß wir aus unausweichlicher Anpassung auf beiden Seiten der Grenze und aus der kaum noch gewahrten Atmosphäre der Stagnation herauskommen, auf zwei politische Konserven gleichsam aufgezogen zu sein, die nach der auch von uns stumm akzeptierten Weltmeinung gut verwahrt und voneinander entfernt gehalten werden müssen.

Am meisten haben wir uns mit- und vorausdenkend (sowie hilfreich in der Konsequenz) mit der Situation des Mannes und seines Landes zu beschäftigen, dem unsere neu gewonnene Aussicht beinahe allein zu verdanken ist: mit Gorbatschow und der Sowjetunion. Offensichtlich meint Gorbatschow, das innere System der Sowjetunion lasse sich nur dann umbauen, wenn es bis in die Grundlagen erschüttert worden ist. Aus welchem anderen Grund ließe sich verstehen, was er im Ostblock nicht nur hinnimmt, sondern zu einem guten Teil selbst betreibt? Aber von der Bemühung darum, dem Denken dieses Mannes nachzugehen, ist in unserer Presse ebenso wie bei unseren Politikern kaum noch etwas zu erkennen. Es steht noch immer in seiner Macht, und jedenfalls in der Macht der Sowjetunion, die große und gerade für uns so beglückende Entwicklung im Osten Europas zu gegebener Zeit auch wieder rückgängig zu machen. Und noch erklärt Gorbatschow mit sogar wachsendem Nachdruck, die deutsche Teilung dürfe nicht in Frage stehen. Auch scheint er so schnell wie möglich eine neue Allianz in dieser Sache aufbauen zu wollen. Was anders soll er aber tun, wenn sich bei ihm das Bild weiter verfestigt, mit einer, wie er sagt, tölpelhaften Politik in Deutschland konfrontiert zu sein, deren Konzeptionskraft und folglich deren Berechenbarkeit und Standvermögen hinter der Aufgabe, vor die sie gestellt ist, offenkundig zurückbleiben? Wir haben ihn also noch zu gewinnen und ebenso die in der Ausbildung begriffene öffentliche Meinung in der Sowjetunion. Und dem vorab müssen wir wissen, wie Gorbatschows Ziele und die aus ihnen folgende Politik vereinbar gemacht werden können mit dem Wiedergewinn der Lebenseinheit der Deutschen.

Es steht kaum noch im Ernst in Frage, daß diese Einheit das Ziel und die Hoffnung der großen Mehrheit der Deutschen in beiden Teilen des Landes ist – wie immer ihre politische Verfassung im einzelnen ausgestaltet werden mag. Wer über die Wege und die möglichen Gestaltungen dieses Zieles nachdenkt, muß immer zugleich auch die Zukunft der Sowjetunion in seine Analysen und sein planendes Handeln einbeziehen. Wer der nicht ganz fernliegenden Versuchung folgt, die Lebensgemeinschaft der Deutschen de facto allein von einem Chaos im sowjetischen Imperium und von seinem Machtzerfall zu erhoffen und abzuleiten, denkt kurzsichtig und setzt auf ein auch für uns viel zu großes Risiko, das zudem ein Risiko für den sich ausbildenden Friedenszustand in Europa wäre. Er hat dieselbe Schlafmütze der politischen Gedanken- und Planungsschwäche noch über den Ohren, unter der die Bundesrepublik beinahe reaktionslos in eine Periode der bedeutendsten Aufgaben und Herausforderungen gestolpert ist.

(10. 12. 1989)

Warum deutsche Einheit – nicht Anschluß?

1. Tendenzen zur deutschen Einheit

Seit dem Tag, an dem die Mauer fiel, haben sich die Tendenzen ständig verstärkt, die auf eine Wiedervereinigung der beiden Hälften Deutschlands hinwirken. Vier von ihnen sind vor allem zu nennen: (1) Der Wille zur Wiederherstellung der Lebensgemeinschaft der Menschen in Deutschland ist kraftvoll geblieben und hat sich als einfallsreich erwiesen. Die Grenze wurde nicht nur durchlässig für Reisen und Waren, sondern ebenso für die Ausgestaltung von Beziehungen auf beinahe allen Ebenen. Diesseits jeder Klarheit darüber, welche Form der politischen Organisation der Einheit erforderlich, wünschenswert oder zu erreichen ist, verdichtet sich mit rasanter Geschwindigkeit das Netz der, freilich instabilen, De-facto-Vereinigung. (2) Nach dem 9. November 1989 hatten noch die meisten der Oppositionsgruppen im anderen Deutschland die Absicht, die Eigenständigkeit und Eigenstaatlichkeit der DDR auf Dauer zu wahren. Doch aus der Einsicht, daß die Menschen von Leipzig bis Rostock ihre Zukunft keinem neuerlichen Experiment oder Sonderweg anvertrauen wollen, haben auch sie sich bald auf das Ziel der Einheit festgelegt. Dem mußten selbst die im Westen folgen, die zunächst das Drängen hin zur Einheit als dumpf, rückständig und gefährlich abgetan haben. Ihr eigenes, überwiegend wahltaktisches Interesse an der Verschmelzung mit einer politischen Kraft, die sich im anderen Deutschland formierte, und an deren Stärkung gegenüber ihren Konkurrenten hat diesen Positionswechsel erzwungen. (3) Die neue Informationsfreiheit hat während der letzten zwölf Wochen zu einer Bestandsaufnahme der Wirklichkeit in der DDR, zumal ihrer Betriebe, Kombinate und Infrastrukturen geführt. Das Ergebnis machte klar, daß nur eine schnelle und weitgehende Angleichung an westliche Produktions- und Marktverhältnisse eine Misere zu beenden vermag, die nun keine allmächtige Zentrale mehr am Absturz vorbeisteuern und zugleich kaschieren kann. Nur die verläßliche Aussicht auf baldigen Wandel kann auch den anhaltenden Strom derer weniger reißend werden lassen, welche ihre Heimat für eine gesicherte Zukunft preisgeben. Aber nicht eine selbständige DDR, sondern allenfalls ein enger, international akzeptierter Verbund beider Deutschland kann eine solche Aussicht auch wirklich geben. (4) Die Weltöffentlichkeit hat von Beginn an auf das Geschehen im Spätherbst anders reagiert als etwa die Hälfte derer, die hüben und drüben in Deutschland hätten dazu beitragen können, die Verständigung zu vertiefen. Während atlantische Politiker sich aus sehr verständlichen Gründen über den Zerfall der Nachkriegsordnung besorgt zeigten und das Tempo der Entwicklung erst einmal zu drosseln suchten, setzte sich in Frankreich, in den USA und dann auch in Großbritannien doch die Meinung durch, daß ein historischer Prozeß in Gang gekommen sei, der sich nicht umwenden, sondern nur noch beeinflussen lasse. Dazu, daß sich diese Einsicht weiter befestigt, wird vermutlich die Tatsache beitragen, daß die Aussicht auf eine Lebensgemeinschaft der Deutschen nun auch bei unseren östlichen Nachbarn Zustimmung findet, die doch am meisten Anlaß dazu hätten, das Ende der deutschen Teilung zu fürchten.

Historische Prozesse, in denen sich scheinbar unverrückbare Verhältnisse auflösen, durchlaufen, wie Revolutionen, in einem rapiden Gang zahlreiche Phasen. Lagebeurteilungen und Ad-hoc-Pläne altern unter solchen Bedingungen sehr schnell. Eine Folge davon ist, daß, je weiter der Prozeß fortschreitet, den Argumenten aus dem, was die Fakten hinsichtlich des Kommenden zu erkennen geben, immer mehr Gewicht zuwächst. In den Tendenzen, die eine Wiedervereinigung begünstigen, und auch in den Meinungen derer, die sie akzeptieren, haben darum Kraft und Zwang des Faktischen nunmehr durchaus die Dominanz. Doch damit ist die Frage nach den guten Argumenten dafür, die politisch ausgestaltete Lebensgemeinschaft der Deutschen zu wünschen und anzustreben, weder beantwortet noch etwa unerheblich geworden. Nicht Umsicht und Übersicht allein lassen politisches Handeln in historischen Perioden, in denen auch mit Fehlentwicklungen zu rechnen ist, seiner Verantwortung entsprechen. Es bedarf der Klarheit über die Gründe, die einem nicht nur reaktiven Handeln die Orientierung geben, auf die es sich stützen kann, und die es von der bloßen Anpassung an Umstände fernhalten, die sich schnell wandeln können. Auch in einer Zeit, in der so viele Tendenzen zur staatlichen Einheit der Deutschen hindrängen, müssen wir uns also auf die Gründe besinnen, sie zu wollen, um sie dann, besonnen wie auch beharrlich, weiter anzustreben, wenn sie von der Gunst der Umstände nicht mehr im gleichen Maße befördert werden sollte.

2. Gründe für die deutsche Einheit

Nun kann man Gründe auch danach unterscheiden, *für wen* sie das größte Gewicht haben – nach ihren ersten Adressen also. So sollen im folgenden Gründe, welche unseren Nachbarn und allen von der Wandlung in Mitteleuropa betroffenen Staaten einleuchten (A), von denen abgehoben werden, die zuerst die Deutschen selbst zu bewegen vermögen. Und unter diesen kann wieder unterschieden werden zwischen Gründen, die sich aus den Verhältnissen in Deutschland im allgemeinen ergeben (B), und solchen Gründen, welche die Deutschen der Bundesrepublik zuallererst angehen (C). Scheint es doch an Gründen aus eigenstem Interesse auf seiten derer am allermeisten zu mangeln, die im Wohlstand und in Freiheit leben und denen die Lebenseinheit der Deutschen bald auch größere Opfer als bisher abverlangen würde.

A. Nicht vieler Worte bedarf der nach außen wirksamste Grund: Das Recht zur Selbstbestimmung kann den Deutschen nicht verweigert sein, wenn es zugleich überall in der Welt aktiv eingefordert wird und wenn die Deutschen es in der Bereitschaft zum Frieden, auf dem Wege zu einer Friedensordnung und mit Rücksicht auf ihre Nachbarn in Anspruch nehmen. Aber die Nachbarn können durchaus auch eigene Interessen als mit einem einigen Deutschland verbunden erkennen: Die Entwicklung hin zur westeuropäischen Integration ist zum guten Teil eine Folge der Lage, die sich nach 1945 herausbildete. Sie könnte von den Deutschen nicht auf Dauer aus ungebrochenem Bewußtsein gewollt und als Lebensform akzeptiert bleiben, wenn sich herausstellen würde, daß sie zunächst einmal auch dazu dient, die Teilung Deutschlands und damit eine Folge der Expansionspolitik Stalins stabil zu machen. Die Nationalstaatlichkeit des 19. Jahrhunderts läßt sich nicht dadurch überwinden, daß man eine Nation in Regionen zerlegt, um diese dann, nach der Logik von Jalta, zu bündeln und auf die alten Einflußsphären der Weltmächte in Europa separiert zu halten, wiewohl sie doch gleichfalls obsolet geworden sind. Daß eine solche Politik nur mit Rücksicht auf Gorbatschow, nicht aber in sich selbst irgendeinen Sinn macht, ist im Westen inzwischen unbestritten. Aber auch in Polen, in Ungarn und in der Tschechoslowakei sieht und sagt man nun, daß die Einheit eines friedlichen Deutschland im eigenen Interesse liegt. Diese ehedem selbst in Teilungen und Amputationen geschundenen Völker wissen und haben erfahren, daß Stabilität über lange Zeit nicht auf Gewaltakte und auf fingierte und strangulierte Identitäten gegründet werden kann. Sie wünschen den unmittelbaren Kontakt und die westliche Grenze mit einem stabilen und prosperierenden Deutschland, das ihnen zugleich, anders als die bisherige DDR, den Zugang zum neuen Europa erleichtert und mit dem sich die ökonomische Kooperation und der kulturelle Austausch, der zum Teil sehr alte Traditionen wiederaufnehmen würde, wie von selbst ergeben.

B. Geht man sodann von den alle Deutschen berührenden Interessenlagen aus, so liegen die Gründe für die Einheit gleichfalls auf der Hand. Doch sind sie, gerade bei Intellektuellen, durch die Distanz gegenüber der bundesrepublikanischen Gesellschaft und durch das Eingepaßtsein in vermeintlich linke und in grüne Stilisierungen so sehr überdeckt, daß sie ausgesprochen werden müssen: Bestünden nach dem Ende des Regimes der Siegermächte zwei deutsche Staaten fort, so wäre Berlin weiter geteilt oder in den östlichen Teilstaat (vielleicht mit Sonderstatus) zu integrieren – sicher gegen den Willen und ein gutes Recht der Berliner, deren Selbstbehauptung 1948/49 und 1959/60 am meisten für die Glaubwürdigkeit des Willens der Deutschen zur Einigkeit und zur republikanischen Freiheit beigetragen hat. Doch auch die Grenzregionen auf beiden Seiten, von Lübeck über Eisenach bis Coburg und Plauen, streben aus einer ihnen auferlegten Randlage heraus – wie immer sie an der Grenze zweier deutscher Republiken weit weniger bedrückend wäre. Vor allem aber und offenkundig setzen die Bürger der DDR ihre

Hoffnung, aus der Rolle des eigentlichen Verlierers des Zweiten Weltkrieges verläßlich und dauerhaft herauszukommen, nun beinahe ganz auf die staatliche Einheit der Deutschen.

Wird, wie derzeit anzunehmen ist, die Öffnung der Grenze fortbestehen, so sind alle Experimente mit einem Sonderweg der DDR ohnedies zum Scheitern verurteilt. Ich selbst meine zusammen mit wohl nicht mehr sehr vielen, daß manches in der DDR, was dort »Errungenschaft« heißt, es sehr wohl verdient, bewahrt zu werden – so, um nur eines zu nennen, die reale Gleichheit der Chancen auf Ausbildung, wenn sie denn von der Gängelung zu politischem Wohlverhalten und Lippenbekenntnissen befreit ist. Doch solches ist entweder in die eine deutsche Republik einzubringen oder als Sondergut über deren neue Bundesverfassung zu sichern, die einer DDR-Ländergruppe immer noch eine gewisse Eigenentwicklung garantieren könnte und sollte.

C. Noch bleiben die Gründe zu betrachten, die den Bundesbürger zur ersten Adresse haben. Viele von ihnen sollen hier beiseite bleiben – etwa die, welche aus der Aussicht auf das Ende der militärischen Konfrontation innerhalb Deutschlands und auf ein verläßlicheres Sicherheitssystem herzuleiten sind. Leicht könnte man auch ein ökonomisches Interesse an einer, zumal durch Sachsen, verstärkten innerdeutschen Basis auf Märkten, vor allem auf dem Weltmarkt begründen. Ich beschränke mich aber darauf, auf drei Gründe einzugehen, die wohl solche des Eigeninteresses, nicht aber solche des kalkulierbaren Vorteils sind, weshalb man sich ihrer gerade in der Bundesrepublik auch weniger leicht bewußt wird:

Zum einen: Verweigerte Solidarität schadet nicht nur dem, dem sie vorenthalten wird. Aus ihrem im hohen Maße selbstverschuldeten Geschick können die Deutschen nur gemeinsam herausfinden. Auch kann sich der, der leicht als Kriegsgewinnler erscheinen kann, nicht mit mehr oder weniger abgenötigter Hilfe über eine Grenze hinweg salvieren, die ihn bislang doch auch vor manchen Risiken schützte. Auf die historische Situation können die, welche ihre Freiheit schon genießen, nur durch die Praktizierung dessen antworten, was in der dritten Losung der Französischen Revolution »Fraternité« heißt: mit Brüderlichkeit. Sie ist, wie Max Weber sah, in den Lebensverhältnissen der modernen Gesellschaften ins Private abgedrängt worden. In Ausnahmesituationen kann sie aber auch öffentlich gefordert sein. Wird die Identifikation mit den Interessen der anderen dann versagt, so wird die eigene Identität und kollektive Erinnerung daraus beschädigt hervorgehen.

Zum zweiten: Der Staat Bundesrepublik entstand unter westlichem Patronat und ohne Alternative. Seine Verfassung hat sich bewährt; und sie ist seit langem im Bewußtsein der Bürger verankert. Dolf Sternbergers »Verfassungspatriotismus« ist wohl eine respektable Grundeinstellung, in der historischen Lage der Deutschen aber doch auch nur ein Notbehelf. Der Freiheitswille der Menschen in der DDR hat nämlich auch uns die Möglichkeit erschlossen, zum ersten Mal eine »Republik Deutschland« aus eigenem Wollen und Verstehen, also buchstäblich aus Volkswillen zu begründen. So würde auch die Bundesrepublik in ihr eigentlich erst vollendet sein und eine vertiefte Legitimität gewinnen. Wir können denen im anderen Deutschland also aufrichtig sagen, daß auch wir sie brauchen und daß wir ihnen dankbar sind für das, was sie ermöglicht haben. Aus solchen Gründen kann auch nur ein Volksentscheid über eine Verfassung – nicht der bloße Anschluß der DDR an die Bundesrepublik – der eigentlichen Logik der Entwicklung in Deutschland entsprechen.

Zum dritten: Völker und Nationen, nicht Stämme und Regionen, sind die Träger dessen, was sich in der modernen Welt als Kultur von Überlieferung und Brauchtum, also von »Folklore« unterscheidet. Die Deutschen haben einen charakteristischen Beitrag zur vielstimmigen Kultur der Welt geleistet. Er ist aus historischen Wurzeln herausgebildet worden – so (seit Luther und Lessing) aus der Unabhängigkeit der Verständigungsbewegung von den Stilisierungen einer aristokratischen Lebensform. Eigene Verfehlungen haben diese Tradition gefährdet und auch kompromittiert. Aber die Teilung des Landes mit der Folge der Ost- und Westanlehnung hat dahin gewirkt, daß die Selbständigkeit eines offenen und *unangepaßten* Weltverhältnisses auch in ihren besten Potentialen gänzlich verlorenzugehen drohte. Wir wissen nicht, ob sie wieder aufkommen kann. Doch wir müssen wollen, daß die wichtigste Voraussetzung dafür wiederhergestellt wird: die Aufhebung der Grenze innerhalb der Nation, die eine freie Besinnung aus eigener Mitte heraus niederhält. In solchem Wollen liegt auch kein Eigendünkel und keine weltscheue Selbstzentrierung. Eine Tradition, die gerade bei unseren Freunden als Gut geachtet wird, müssen wir wahren und kräftigen – um des Reichtums des Lebens in der Welt und kommender Generationen auch in unserem Lande willen.

Eigens betont sei, daß mit »Kultur« hier nicht etwa das Konzert- und Museumswesen gemeint ist, sondern die Kraft der gestaltenden Imagination und einer Intellektualität, die auf Zeit- und Weltfragen eigenständig zu antworten weiß.

Zudem sei angemerkt, daß die Einheit der Nation durchaus nicht ein Programm ist, dem eine politische Option rechts außen ins Profil geschrieben ist. Von Moses Heß über den Konsens der Paulskirche bis hin zu Kurt Schumacher und Herbert Wehner ist sie Programm derer gewesen, die in einem mit der Einheit die soziale Gerechtigkeit eingefordert haben – freilich nicht als der Güter höchstes oder als Basis der Entfaltung martialischer Posen. Angemerkt sei ebenso, daß wir durchaus zu Recht auch von einer »*Wieder*vereinigung« sprechen. Denn nicht die Rückkehr zu den Formationen der Wilhelms oder Hitlers und nicht die Wiedervereinigung von Territorien steht in Frage, die zum guten Teil auf Dauer verloren sind, sondern die Lebensgemeinschaft von Menschen, die voneinander abgemauert wurden, womit auch ihr Leben und ihre Zukunft unter Depressionen kam, die am besten von außen haben notiert werden können und immer wieder notiert worden sind.

Hier war von dem die Rede, was zu wollen ist. Unter dem aber, was zu tun ansteht, ist das wohl Wichtigste die Gestaltung der Beziehungen zur Sowjetunion. Daß es zum 9. November 1989 und nicht zu einer chinesischen Repression kam, war dem sowjetischen Kommando in der DDR zu verdanken. Wir müssen die Einheit in einer Zeit anstreben, während der die beiden Militärpakte wahrscheinlich noch fortbestehen, der Roten Armee also auf längere Zeit Stationierungsrechte jenseits der Elbe eingeräumt halten. Der Wiener Verhandlungsprozeß gibt dazu, wie auch zur gleichzeitigen Erhaltung der amerikanischen Präsenz, zum ersten Mal wirkliche Aussichten, was noch im einzelnen zu begründen wäre. Vor allem müssen wir um Verständnis und Zustimmung auch innerhalb der Sowjetunion und ihrer Öffentlichkeit werben, die sich auszubilden beginnt. Die Deutschen können viel dazu beitragen, daß sich die russische Zivilisation, die zu Europa gehört als eine von dessen Stimmen, nicht nach Osten abgedrängt und zurückversetzt findet – auf dem nun wohl unvermeidlichen Rückzug der Sowjetmacht von ihren durch Stalin überdehnten Grenzen. So gibt es also doch die Aussicht darauf, auch von dieser Großmacht, deren Selbstbehauptung ihr heute am meisten entgegenzustehen scheint, die Zustimmung zur Einheit der Deutschen auch ohne die Forderung der Aufgabe der Westbindung zu gewinnen – aus der Übereinstimmung in Interessen, um deren Erkenntnis, Klärung und aktive

Förderung gerade wir uns also auch weit mehr als bisher zu bemühen haben. Gorbatschows jüngste Äußerungen zeigen, wie weit er für sich selbst auf diesem Weg der Erkenntnis schon gelangt ist.

(30. 1. 1990)

III. Französische Revolution und klassische deutsche Philosophie

Überlegungen zur Bestimmung ihres Verhältnisses

III. Französische Revolution und klassische deutsche Philosophie

Überlegungen zur Bestimmung ihres Verhältnisses

1. Einleitung

Die mannigfachen Beziehungen der klassischen deutschen Philosophie zum Ereignis der Revolution in Frankreich und zu deren Entwicklungsgang bis zur napoleonischen Herrschaft über Europa und in dem zuletzt vergeblichen Versuch der politischen Restauration sind in zahlreichen Arbeiten untersucht worden. Eine Gesamtdarstellung steht zwar aus. Und viele neue Tatsachen können noch in das Gesamtbild eingefügt werden, das sich dennoch seit langem schon abzeichnet. Wer aber heute, und zwar als Philosoph, das Verhältnis beider Prozesse weiter klären will, kann sich nicht allein auf die historischen Daten stützen, ob sie nun bekannt sind oder noch erschlossen werden müssen. Mit der Bestimmung dieses Verhältnisses ist noch immer und vor allem eine Denkaufgabe gestellt.

Diese Aufgabe schließt ein, daß deutlich gemacht wird, was die klassische deutsche Philosophie als ganze geleistet hat und was ihre Konzeptionen noch diesseits ihrer Methoden und ihrer untereinander unverträglichen Theorien und Wahrheitsansprüche im Grundsätzlichen miteinander verbindet. Sie verlangt zudem und zugleich, auch den revolutionären Prozeß als ganzen zu charakterisieren. Das eine kann nicht durch die Wiederholung von Selbstdarstellungen geschehen, die auf den einen oder anderen der Begründer der klassischen Theorien zurückgehen. Das andere kann nur gelingen, wenn die Bedeutung des Geschehens im sich revolutionierenden Frankreich für die Problemlagen der Politik in unserer Gegenwart anders als nur beiläufig im Blick steht und erklärt wird. Daraus folgt dann weiter, daß auch die Bestimmung des Verhältnisses beider Prozesse zueinander aus Überlegungen begründet werden muß, die anderes sind als eine ordnende Sammlung von Tatsachen oder als eine Zuordnung von Entwicklungsmustern, von der man denken könnte, sie ließe sich durch eine kluge Abstraktion und aus einem Vergleich der beiden Entwicklungsgänge gewinnen. Gerade die Bestimmung dieses Verhältnisses verlangt am meisten eine Konzeption, die in Gedanken, und nicht nur historisch, gestützt und einleuchtend gemacht werden kann.

Dieser komplexen Aufgabe gehen die folgenden Überlegungen nach, und zwar in zwei aufeinander bezogenen Textteilen. Am Anfang steht eine leicht überarbeitete Thesenfolge. Sie war den Teilnehmern eines Kolloquiums innerhalb der Versammlung der Goethe-Gesellschaft vorab schriftlich mitgeteilt worden. Ihr folgt ein Text, welcher dem Vortrag in diesem Kolloquium vom Mai 1989 weitgehend entspricht. Doch sind Rückgriffe auf die Thesenfolge, welche der Erinnerung dienten, weitgehend entfallen. Dafür sind einige klärende Ausführungen, die in der Diskussion vorgetragen wurden, in den Text aufgenommen worden.

2. Thesenfolge

1. Schon von den Zeitgenossen wurde gesehen, daß der Gang des revolutionären Prozesses in Frankreich und die Entwicklung der deutschen Philosophie nach Kant vergleichbare Geschehen sind und daß zwischen ihnen auch ein Wirkungszusammenhang besteht. Er kann aber nicht nach einem schon den Zeitgenossen geläufigen Muster verstanden werden, das noch immer nicht ganz außer Gebrauch gekommen ist: Die klassische deutsche Philosophie war anderes als die abstrakte und folgenlose Imitation des revolutionären Prozesses in der Theorie, welche zwar große Denkkraft, ebenso aber die politische Ohnmacht der Denker offenbart, die zwar mit der Revolution sympathisierten, die aber die rückständige und zersplitterte Wirklichkeit des vergehenden deutschen Reiches nicht verändern konnten.

2. Zunächst ist festzuhalten, daß die Entwicklung der klassischen deutschen Philosophie aus zwei Schüben theoretischer Innovation hervorgegangen ist, die beide schon im Jahre 1789 eingeleitet waren. Die erste und bedeutendste geschah in Kants kritischem Werk, dessen Diskussion seit 1785 in vollem Gang war. Die zweite ergab sich aus der Problemkonstellation, die aus

K. L. Reinholds *Versuch einer neuen Theorie des Vorstellungsvermögens* (1789) und den philosophischen Hauptwerken F. H. Jacobis hervorging (dem *David Hume* von 1787 und der Zweiten Auflage seiner Briefe über die Lehre Spinozas von 1789). Die Theorieentwürfe dieser Werke machten es den selbständig Denkenden unmöglich, sich weiterhin nur an Kants Werk anzuschließen. Es war notwendig geworden, ein von Kant selbst nicht schon erschlossenes Problemfeld zu erkunden. Dann allererst, so sah man ein, würde sich auch Kants Theorie der politischen Freiheit stabil machen und überzeugungskräftig vertreten lassen.

3. 1790 begannen J. G. Fichte und eine Gruppe Tübinger Studenten (Schelling, Hegel und Hölderlin), sich dieses Problemfeld zu erschließen und es bald auch mit eigenen theoretischen Leistungen zu besetzen. Sie beobachteten mit Sympathie und mit Enthusiasmus das Geschehen jenseits des Rheins, das sich während der ersten Jahre der Revolution noch ohne die Parteiungen und die Exzesse entfaltete, die später auch die Freunde der Revolution entzweiten. Ihre Absicht war es, ihre theoretische Arbeit im Einklang mit dem Ereignis der Revolution voranzutreiben und damit zugleich zu helfen, die politischen Ordnungen diesseits des Rheins zu verwandeln. Fichte hat 1793/94 auf der Grundlage der von Reinhold und Jacobi markierten Problemkonstellation das für die weitere Entwicklung maßgebliche Theoriemodell erarbeitet.

4. Diese von Fichte 1794 publizierte Wissenschaftslehre gab der klassischen deutschen Philosophie nach

Kant und Reinhold sozusagen ihre dritte methodische »Verfassung«. In der Aufnahme von Fichtes Leistung und in der Reaktion auf sie bildete sich die letzte Phase der klassischen deutschen Philosophie aus. In ihr konkurrierten zahlreiche theoretische Entwürfe miteinander, unter denen zunächst Schellings Naturphilosophie (1797–1800) hervorragte. In Hegels System, dessen Aufbau und Methode 1804 feststand, ist dann ausdrücklich der Versuch gemacht, die Resultate der gesamten Bewegung zusammenzufassen, zu reinigen und zum Abschluß zu bringen. Hegels Sympathie für Napoleon als Vollender der Revolution darf auch in diesem Zusammenhang gesehen werden. In der in das System eingefügten *Philosophie des Rechts* hat Hegel die Grundlagen für eine politische Ordnung entwikkelt, welche die Ideen der Revolutionäre, die vor und in der Revolution sichtbar gewordenen sozialen Konflikte und die Notwendigkeit der Stabilität eines Staates mit moderner, nicht mehr feudaler Verfassung zugleich und in einem in sich konsistenten Gebäude berücksichtigen sollte.

5. Kants theoretische Neubegründung war zweierlei in einem: (a) eine gänzlich neue Theorie über die Fundamente des theoretischen und des praktischen Wissens; (b) eine Erklärung der Gründe, aus denen die von der Kritik verworfenen Theorien der Vergangenheit hervorgingen, und von deren Unausweichlichkeit in der Vorgeschichte der eigentlichen Einsicht. Insofern war die deutsche Philosophie von Beginn an nicht nur Eröffnung einer neuen Zukunft, sondern ebenso eine

neue Tiefendiagnose der Vergangenheit, damit aber auch eine Ortsbestimmung des theoretisch revolutionären Prozesses. So erklärt es sich, daß sie von Beginn an angelegt war auf eine Geschichtsphilosophie, die auch den Gang der Revolution in Frankreich als ein welthistorisches, nicht nur als ein politisches Geschehen zu sehen vermag.

6. Das erklärt wiederum, daß die deutsche Theorie schon früh die Argumentationen der Revolution (Locke, Rousseau und ihre Nachfolger) zusammen mit den Argumentationen der Revolutionskritik (vor allem Edmund Burkes) in sich aufnehmen konnte, ohne dabei selbst auch revolutionskritisch zu werden. Hegels Rechtsphilosophie, aber auch Hölderlins Hymnen, sind späte und die bedeutendsten Ergebnisse dieser Integrationsleistung.

7. Die Frage nach den historischen Wurzeln und der Zukunft der Revolution, die ihre Verwandlung einschließt, bestärkte die schon von Kant gestellte Ausrichtung der Philosophie auf die Frage nach ihrer eigenen Natur und Funktion, die wiederum mit der schnellen Verwandlung in der Begriffsbestimmung der Philosophie und der Bestimmung ihres Verhältnisses zu Praxis, Kunst und einer (neuen) Religion im Zusammenhang steht.

8. So war die deutsche Philosophie durchgängig auf den revolutionären Prozeß bezogen – aber niemals imitierend, sondern stets aus den Problemlagen heraus, die von ihr schon vor dem Beginn der Revolution erschlossen worden waren. Und so erklärt sich deren

Selbständigkeit und theoretische Bedeutung in ihrer Beziehung auf und ihrer Verständigung über die Revolution in Frankreich.

9. Viele, auch Hegel, haben gemeint, der Prozeß der Entfaltung der klassischen deutschen Philosophie habe eine innere Logik und Zwangsläufigkeit, und sein Abschluß, Hegels System, sei ihr notwendiges Resultat gewesen. Auch dieser Zusammenhang entspreche der Gesetzmäßigkeit im Gang der politischen Revolution in Frankreich. Was aber die Philosophie betrifft, so sind wir inzwischen zu einer Einsicht gekommen, die Hegels Selbstdarstellung nicht mehr folgt: Hegels System ist zwar wirklich in seiner Gedankenform und Integrationskraft eine singuläre Leistung. Aber es konkurriert doch mit anderen philosophischen Konzeptionen, so etwa der späteren Philosophie, die Fichte selbst von 1799 bis 1804 entwickelt hat. Der Gang der klassischen deutschen Philosophie hat also nicht etwa durch die ihr innewohnende Dynamik auch schon über die Wahrheitsfrage entschieden, die an ihre Leistungen zu stellen ist.

10. Ebenso müssen wir heute auch den revolutionären Prozeß in Frankreich beurteilen. Keine der revolutionären Verfassungen kann unmittelbar Vorbild in den politischen Problemlagen der Gegenwart sein. Es kann auch nicht gesagt werden, daß im Prozeß der Abfolge ihrer Stadien ein unwiderstehliches historisches Gesetz zum Ausdruck kommt, aus dem zugleich die weitere politische Zukunft erklärt oder vorausgesagt werden kann. Wir müssen zudem lernen, die Verfassungsent-

würfe im Lichte der Potentiale zu beurteilen, die von ihnen selbst nicht ausgebildet worden sind.

11. Wohl aber sind beide Prozesse, der der klassischen deutschen Philosophie ebenso wie der Prozeß der Revolution in Frankreich, ein unvergeßliches Experiment für jede Erkundung der Wahrheit – auf der einen Seite in Fragen der Grundlegung für eine Selbstverständigung des Menschen aus letzten Gedanken, auf der anderen Seite in Fragen der politischen Organisation einer freiheitlichen Verfassung.

12. Zwar ergaben beide Prozesse in diesem ihren Experiment keine definitive Entscheidung, so wie auch die Stadien in der Abfolge dieses Prozesses nicht einer höheren Notwendigkeit folgen. Aber dennoch beruhen beide Prozesse wirklich auf einer Notwendigkeit im Gange der Geschichte. Sie gehen hervor aus Einsichten in die Gründe des Wissens und der Lebensmöglichkeiten des Menschen, die erreicht werden mußten und hinter die nicht zurückgegangen werden kann. Dem Gedanken der Freiheit, auf den jede politische Ordnung begründet werden muß, entspricht Kants Gedanke, daß Wissen sich aus der spontanen Tätigkeit der Vernunft entfaltet. In Kants Kritik hat sich die Grundsituation der Philosophie ebenso weitgehend verwandelt wie die politische Welt über die Erklärung der Menschenrechte und die Aufhebung des Feudalsystems in Frankreich und dann im gesamten Europa. Nur durch eine Katastrophe der Menschheit insgesamt könnte die Kontinuität des sich immer wieder erneuernden Anschlusses an diese Tatsachen und Erkennt-

nisse abgebrochen werden. Keine nachfolgende Entwicklung, weder eine solche in einer universal angelegten Theorie noch in der Gestaltung der politischen Welt, hat das, was in der Epoche der Französischen Revolution herausgearbeitet wurde, zu einer Vergangenheit werden lassen, deren Möglichkeiten erschöpft sind und deren Probleme als erledigt gelten können.

3. Vertiefende Überlegungen

Die klassische deutsche Philosophie wollte die innere Bewegtheit des Lebens, das auf Vernunft begründet ist, und zwar unter Einschluß der Triebe, der Emotionen und der Weisen zu streben und zu handeln, als einen einzigen Gesamtzusammenhang begreifen. Die Theoriegestalten der überkommenen Philosophie schienen sich dieser Aufgabe entzogen zu haben. Schon aufgrund ihrer Anlage waren sie nicht dazu imstande, eine Untersuchungsart in Gang zu bringen, aus der ein Ergebnis und ein Konzept hervorgehen konnte, in dem sich jenes Leben selbst wiedererkennen und das so als dessen eigener Entwurf in einer Lebenspraxis angeeignet und wirksam zu werden vermochte. So meinte die klassische deutsche Philosophie (in Rousseaus Nachfolge), zum ersten Mal seit Platon eine Denkweise gewinnen zu können, welche das Leben aus dem Nebel und dem Schein einer artifiziellen Begriffswelt befreien und so das Denken mit dem spontan sich ausbildenden Menschenleben in Übereinstimmung versetzen kann.

Es ist nicht zu übersehen, daß diese Grundintention mit der Zielrichtung des revolutionären Prozesses vieles gemeinsam hat. Die feudalen Privilegien und Rituale, welche die Revolution sogleich beseitigte, schienen von vergleichbarer lebensferner Künstlichkeit zu sein. Und wenn die Gründung eines Vernunftstaates auch mit der Leistung des konstruierenden Ingenieurs verglichen werden konnte, so ließ sie sich doch ebenso als Freisetzung der verfassungsbildenden Kräfte verstehen, die aus der vernünftigen und geselligen Natur des nicht deformierten Menschen hervorgehen.

Dem entspricht, daß die Revolution die gesamte Weltbeziehung des Menschen zu neuer Ausbildung zu bringen versuchte – von der Reform des Kalenders und des Zyklus der Feste bis hin zur Etablierung einer gleichermaßen von Rousseau und von antiken Überlieferungen inspirierten öffentlichen Religion. Auch die Kunstpraxis wurde in deren Dienst gestellt – eine Tendenz, mit der sich wiederum die Überzeugung vieler Begründer der klassischen deutschen Philosophie vergleichen läßt, die durch die Künste vermittelten Einsichten und Einstellungen stünden mit der auf die Befreiung der Subjektivität im Denken ausgehenden Philosophie in einer Beziehung engster Verwandtschaft.

Die Begründer der klassischen deutschen Philosophie selbst, nicht nur die Zeitgenossen, haben die innere Übereinstimmung beider Bewegungen in vielgestaltiger Weise auch wirklich zum Ausdruck gebracht. Als Beispiel seien hier nur zwei Passagen aus Fichte und aus Schelling zitiert. Fichte hegte 1795 die Hoffnung, von der Französischen Republik eine Pension zur Vollendung der *Wissenschaftslehre* ausgesetzt zu erhalten. Eine solche Auszeichnung wäre ihm aus folgenden Überlegungen (nach einem nicht ganz gesicherten Text) als begründet erschienen: »Mein System ist das erste System der Freiheit, wie jene Nation von den äußeren Ketten den Menschen losreißt, reißt mein System ihn von den Fesseln der Dinge an sich, des äußeren Einflusses los, und stellt ihn in seinem ersten Grundsatz als selbständiges Wesen hin . . . Indem ich über diese Revolution schrieb, kamen mir gleichsam zur Belohnung die ersten Winke und Ahndungen dieses Systems. Also – das System gehört gewissermaßen schon der Nation, und es ist die Frage, ob sie es sich äußerlich öffentlich zueignen will, dadurch, daß sie mir das Vermögen gibt, es aufzustellen.« Schelling hat in seinem Gedächtnisaufsatz auf Immanuel Kant (1804) die Zuordnung von dessen Philosophie zur Französischen Revolution wie folgt erläutert: »Es ist nichts weniger als bloß scheinbare Behauptung, daß das große Ereignis der französischen Revolution ihm allein die allgemeine und öffentliche Wirkung verschafft hat, welche ihm seine Philosophie an sich selbst nie verschafft haben würde. Nicht ohne eine besondere Schickung darin wahrzunehmen, bewunderten manche seiner enthusiastischen Anhänger das Zusammentreffen beider in ihren Augen gleichwichtigen Umwälzungen, nicht bedenkend, daß es ein und derselbe von lange her gebildete Geist war, der sich nach Verschiedenheit der Nationen und Umstände dort in einer realen, hier in einer idealen Revolution Luft schaffte.«

Es wird auffallen, daß beide Äußerungen die Zuordnung der politischen Revolution zur Neubegründung der Philosophie auf verschiedene Weise erklären. Fichte findet sein Denken durch den Freiheitsaufbruch in Frankreich inspiriert und angeleitet. Schelling sieht in beiden Manifestationen eines Prozesses, der ihnen gemeinsam zugrunde liegt. So liegt es nahe, sich in den Besitz einer Übersicht über die formal möglichen Weisen der Zuordnung beider Geschehnisse zu bringen und im Blick auf sie der jeweils eigenen Erklärung ein hinreichend deutliches Profil zu geben.

Folgende vier Typen von Erklärungen lassen sich voneinander unterscheiden: Zwischen den beiden Prozessen besteht entweder (1) eine bloße Koinzidenz oder (2) direkte reale Abhängigkeit. In diesem zweiten Falle kann der vorherrschende Einfluß entweder (2a) von dem politischen Geschehen oder (2b) von der Neubegründung der Philosophie ausgegangen sein. Erklärt sich aber die Zuordnung nicht aus solcher realen Abhängigkeit, so können sich doch in beiden (3) gemeinsame und ihrerseits reale Voraussetzungen auswirken, die in viel weiter zurückreichenden Wandlungen begründet sind. Hier wird man, in Entsprechung zu den unter (2) unterschiedenen Faktoren, am besten wiederum (3a) politisch-gesellschaftliche von (3b) intellektuellen Voraussetzungen in der Entwicklung von Ideen, Bewußtseins- und Lebensweisen unterscheiden. Aber nicht nur dies, daß zwei Ereignisketten in Gang kamen, die zueinander in Beziehung gesetzt werden müssen, bedarf der Erklärung. Zu dem gemeinsamen

Profil von Revolution und Philosophie gehört auch, daß beide Ereignisketten in ihrer (4) Prozeßform einander entsprechen, in ihrem rapiden Verlauf ständigen Sich-Überholens, der erst spät und in einem Zustand prekären Gleichgewichtes in ein Ende kam – einem Ende, das an seinem Beginn von niemandem hat vorausgesehen werden können. Die Übereinstimmung in der Prozeßform ließe sich ihrerseits entweder aus (4a) einer realen Abhängigkeit der beiden Verläufe voneinander oder wiederum aus (4b) tieferliegenden gemeinsamen Voraussetzungen verständlich machen.

Diese Erklärungsmöglichkeiten schließen sich offenkundig nicht allesamt auch gegenseitig aus. In Wahrheit ist nur die Erklärung aus bloßer Koinzidenz mit allen anderen Erklärungsweisen unvereinbar. Sie aber hat angesichts dessen, daß reale Abhängigkeiten in erheblicher Zahl außer Zweifel stehen, am wenigsten Wahrscheinlichkeit für sich. Wenn also einzelne Erklärungsweisen favorisiert werden, so darf das nur im Sinne einer Hervorhebung besonders erheblicher Determinanten verstanden werden – erheblich sowohl im Sinne der faktischen Determinationskraft wie der Ausbildung der kulturell-politischen Bedeutsamkeit des Gesamtprozesses. Es sei vorab ausgesprochen, daß meines Erachtens in diesem Sinne die Erklärungsweisen 3a, 3b und 4b hervorgehoben werden müssen.

Die unter 2 erwogene Erklärungsweise kann in ihren beiden Varianten nicht tief genug reichen. Am ehesten ließe sich noch (nach 2a) sagen, daß die Ideen, welche zur Revolution geführt haben, auch der klassischen deutschen Philosophie als wesentliche Motive innewohnen. Das gilt insbesondere für Immanuel Kants Verhältnis zu Rousseau, der ihm, so wie Sokrates ehedem für Platon, alle wesentlichen Motive seines Denkens vorgegeben hat. Aber die Theorieform der klassischen deutschen Philosophie läßt sich nicht selbst auch von Rousseau herleiten. Kant mußte, um sie zu gewinnen, einen gänzlich neuen Begriff von Erkenntnis und von Rationalität ausbilden, wobei er freilich Meditationen von Rousseau in dessen *Glaubensbekenntnis des savoyardischen Vikars* als Anregung und Bestätigung vor Augen hatte. In dem weiteren Gang der klassischen deutschen Philosophie, der über Kant hinausführte, der aber bereits im Frühjahr 1789 ausgelöst worden war, blieb dann Rousseaus Vorbild ohne bestimmende Bedeutung. Auch waren für den Gang der Revolution in Frankreich nicht nur Rousseau, sondern zumindest im gleichen Maße die auf Locke und d'Holbach zurückgehenden Traditionen von determinierendem Gewicht. Thomas Paine, der Locke-Schüler, nicht etwa Immanuel Kant, wurde Mitglied der französischen Nationalversammlung.

In Deutschland hat sich schon zur Zeit der Revolution selbst das Gerücht verbreitet, die Pariser Ereignisse seien von deutschen Geheimbünden ausgelöst und ferngesteuert worden. Wirklich gab es Kontakte der Frühformen der Pariser Klubs zu den Illuminaten, die sich nach ihrer Auflösung in Bayern im nördlichen und mittleren Deutschland unter Bodes Leitung neu formiert hatten. Die zeitgenössischen Publikationen dazu finden immer wieder einmal Aufmerksamkeit, woraus sich dann eine Erneuerung der Erklärung der Pariser Revolution aus einer Verschwörung (nach 2b) ergeben kann. Aber eine solche Verschwörungstheorie vernachlässigt ganz die in Frankreich seit langem angelegte Dynamik: Eine zentralistisch und autokratisch angelegte Monarchie hatte sich bereits mit beträchtlicher Wirkung darum bemüht, die feudalen Lebensverhältnisse aufzulösen, war aber ihrerseits nunmehr in eine Finanz- und Verwaltungskrise verstrickt. Die Handwerker und Kleingewerbetreibenden der Pariser Zentrale waren in diese Krise hineingezogen worden. Und so bildete sich aus Motiven, die zum Teil vom Absolutismus übernommen und zum Teil gegen ihn gerichtet waren, eine explosive Gemengelage aus, die durch keine konspirative Tätigkeit hätte zustande gebracht werden können. – Im übrigen muß die Gedankenwelt der Illuminaten von der der klassischen deutschen Philosophie weit abgerückt verstanden werden. Weißhuhn und Bode waren selbst durchaus Schüler der französischen Aufklärung. Und während Reinhold, der den Illuminaten zugehörte, mit seiner Philosophie in ihrer Gedankenwelt eher eine Randstellung innehatte, entzog sich Fichte, der sich jakobinischen Motiven wirklich verwandt wissen konnte, der Teilnahme an den Aktivitäten der geheimen Gesellschaften und setzte auf öffentliche Aufklärung und Umbildung des Geistes.

So wird man also dazu geführt, die Gründe für die Parallelität der beiden Ereignisketten weiter zurückzuverlegen. Die gesellschaftlichen Veränderungen und die aus ihnen resultierende besondere Spannungslage in Frankreich sind soeben bereits charakterisiert worden. Es muß nur noch darauf hingewiesen werden, daß diese Spannungslage klar von einem Konflikt zwischen der Feudalordnung und der in Ausbildung begriffenen industriellen Produktionsweise zu unterscheiden ist. Das frühkapitalistische Besitzbürgertum hat in der Genese der Revolution nicht einmal eine marginale Rolle gespielt. Und es ist nachgewiesen worden, daß die Entwicklung einer kapitalistischen Organisationsweise der Produktion in Frankreich durch die Revolution deutlich verlangsamt worden ist. Die Revolution war ganz überwiegend eine politische, nicht eine ökonomische Umwälzung – wie immer sie sich aus der Konstellation zwischen vergehender Feudalordnung, einem Zentralstaat in der Krise und dem bedrohten Kleinbürgertum der Pariser Metropole erklärt.

Aus all dem geht zugleich auch schon hervor, daß die Erklärung, welche sich des Modells 3a bedient, außerstande ist, die Entstehung der klassischen deutschen Philosophie in Deutschland ebenso unmittelbar verständlich zu machen. Denn alle die Faktoren, welche zum Ausbruch der Revolution in Frankreich zusammenwirkten, waren nirgends so wenig ausgebildet wie im zersplitterten und ökonomisch unentwickelten Deutschland. So wird es also unerläßlich, dem intellektuellen Prozeß innerhalb der Gesamtheit der Voraussetzungen, aus denen einerseits die Revolution und andererseits die klassische deutsche Philosophie hervorgingen, auch eine selbständige Bedeutung einzuräumen und also zunächst einmal dem Erklärungsmuster 3a das Muster 3b hinzuzufügen.

Max Weber gehört zu denen, die deutlich gemacht haben, warum eine durchgreifende Umordnung eines ökonomischen Systems ohne eine vorangehende Verwandlung der Bewußtseinsweise und der von ihr abhängigen Lebensführung nicht möglich ist. Eben diese Verwandlung ist auch vorausgesetzt, wenn grundlegend neue politische Organisationsformen nicht nur erdacht, sondern durchgesetzt und auf Dauer gestellt werden. Die Möglichkeitsbedingungen solcher Verwandlungen sind in der Konstitution des Menschen begründet. So lassen sie sich nicht hinreichend aus der historisch-gesellschaftlichen Entwicklung ableiten. Daß sie aber in bestimmten Konstellationen freigesetzt werden, ist dennoch Folge eines komplexen Entwicklungsganges, innerhalb dessen auch die realen Lebensverhältnisse eine determinierende Rolle spielen.

Solche Verwandlungen der Bewußtseinsweise organisierten sich um die Veränderung der Selbstbeschreibung des Menschen als Handlungssubjekt und um die Verständigung über seinen Vernunftgebrauch. Der revolutionär-politische Prozeß in Frankreich und die Geschichte der Ausbildung der klassischen deutschen Philosophie lassen sich nun in durchaus übereinstimmender Weise auf eine solche Veränderung in der Selbstbeschreibung des Menschen zurückführen. Der Grund der politischen Konstitution wird nicht mehr von einer Orientierung an dem kosmisch geordneten Weltbau oder einem Schöpferwillen oder auch einem natürlichen Gesetz erwartet, das Grundlinien der Staatsorganisation ohne primäre Rücksicht auf die Verfassung des sich selbst bestimmenden Willens vorgibt. Die Staatsorganisation wird vielmehr als Folge von miteinander verbundenen und zur Einheit konstituierten Willenssubjekten aufgefaßt. Diesem politischen Grundgedanken entspricht (und ist in der Theorie vorgeordnet) der Vernunftbegriff der Autonomie – der Gedanke einer Rationalität also, die ohne eine Grundorientierung an Weltgehalten oder in ewiger Stabilität vorgegebenen Regeln die Ordnungsweisen des Denkens und die Dynamik eines Vernunftlebens spontan generiert. Dies aber ist seiner Grundanlage nach der Vernunftbegriff der klassischen deutschen Philosophie.

So liegen also Wandlungen in der Bewußtseinsweise sowohl dem revolutionären Prozeß wie der Genese der klassischen deutschen Philosophie zugrunde. Daß freilich solche Wandlungen theoriefähig werden und eine theoretische Bewegung von bedeutender Höhenlage nach sich ziehen, ist damit durchaus noch nicht erklärt. Um aber auch zu einer solchen Erklärung zu gelangen, lassen sich nunmehr Besonderheiten der kulturellen und der gesellschaftlichen Situation in Deutschland geltend machen: Die deutschen Staaten verfügten in der zweiten Hälfte des 18. Jahrhunderts über ein gegenüber Frankreich viel weiter entwickeltes Bildungssystem. Buchhandel und Buchproduktion hatten, im Ausgang von der Reformation, einen sehr hohen und differenzierten Stand erreicht. Zugleich herrschte in Deutschland, und auch in seinem Bildungswesen, der Polyzentrismus. Er ist durchaus von einem Föderalismus überwiegend künstlich gebildeter Länder zu unterscheiden, wie er für die Vereinigten Staaten und für die heutige Bundesrepublik Deutschland charakteristisch ist. Denn in diesem System gab es bedeutende, aber nicht schlechthin dominierende Zentren, nämlich die Hauptstädte von Österreich und Preußen. Und es gab kleinere Staaten, in denen besondere Verhältnisse und Ambitionen produktiv ausgestaltet werden konnten. Zur Zeit der Revolution galt dies in ungewöhnlich ausgezeichneter Weise etwa im Sachsen-Weimar-Eisenach Carl Augusts, im Erfurt Dalbergs und im Bistum Bamberg unter Franz Ludwig von Erthal, dem Bewunderer der Reformen Josephs II. Dieser Polyzentrismus verhinderte aber schon von sich aus und ohne solch weitere günstige Umstände die Dominanz einer hauptstädtischen oder höfischen Gesellschaft über die gesamte Zivilisation des Landes.

In einem damit waren Sprache und Mentalität vor Ritualisierungen bewahrt, womit sie allererst in den Stand kamen, eine Denkweise aufkommen zu lassen, welche einem verwandelten Bewußtsein entsprach. Zugleich war die Literatur des Landes in einer Phase des Aufschwungs begriffen. Sie setzte, wieder im Anschluß an die Anfänge der Reformation, die Artikulationskraft der deutschen Sprache frei. Diese Sprache war über lange Zeit als Gelehrtensprache nicht anerkannt gewesen, was aber die bedeutende Folge hatte, daß sie von einer fixierten Form der Begriffsbildung freigeblieben war. Nun entstand allererst die eigentliche deutsche Hochsprache – aber in einer Periode, in der die Wandlung der Bewußtseinsweise eine Sensibilität für neue und zugleich im Leben selbst fundierte Ausdrucksformen von Gedanken heraufgeführt hatte. Die literarische Bewegung des Landes war so in einem noch höheren Maße als in anderen früheren Entwicklungen Europas (etwa in der Renaissance Italiens) von philosophischen Motiven und Ideen durchsetzt.

Mit Kant, Lessing, Herder und Jacobi bildeten sich Hochsprache und neue philosophische Begriffswelt in beinahe einem einzigen Gang aus. Was aber die Gehalte dieser Gedanken betrifft, so hatte ihnen die protestantische Kultur der Spontaneität des inneren Lebens und der reflektierten Rechenschaft über diese Spontaneität längst den Boden vorbereitet. Und dem entspricht wiederum die maßgebliche Bedeutung, welche der Vertiefung der religiösen Erfahrung (statt der bloßen Kritik des überkommenen Kirchensystems) in dem Gesamtgeschehen zugewachsen ist.

Dieser Prozeß war selbstzentriert. Während um die Mitte des Jahrhunderts die Anlehnung an die zivilisatorischen und intellektuellen Leistungen Britanniens und Frankreichs von stil- und maßgebender Bedeutung gewesen war, hatte sich seit etwa 1770 mit der Zivilisation, welche die deutsche Staatenwelt, zumal die des nördlichen und westlichen Deutschland, frei durchherrschte, ein eigenes europäisches Gravitationszentrum ausgebildet. Erst gegen Ende des Jahrhunderts zog es auch in England und in Frankreich die Aufmerksamkeit auf sich. Damit kam eine Intellektualität, in deren Profil Probleme und Motive aus deutschen Traditionslinien eingegangen waren, im noch immer ganz von Europa her bestimmten Weltkreis zur Wirkung – zum ersten Mal, seitdem die deutsche Renaissance und Reformation in den europäischen Religionskriegen zum Erliegen gekommen waren.

So sind es also, wie Schelling es sah, die besonderen Verhältnisse im deutschen Lebensbereich, welche dahin gewirkt haben, daß die gesamteuropäische Verwandlung der Bewußtseinslage gerade hier den Raum für eine theoretische Kreativität freigab, die der politischen Innovationskraft der Revolution in Frankreich in Maß und Ausgriff nicht nachstand. Und eben daraus erklärt es sich dann auch, daß die Prozeßform in der Entwicklung der klassischen deutschen Philosophie mit dem revolutionären Prozeß in Frankreich im wesentlichen gleichen Schritt hielt, ohne doch von dem Verlauf des revolutionären Prozesses in Frankreich äußerlich, etwa in der Weise der forcierten Imitation, abgeleitet zu sein. Die Gründungsaufgabe, welche die Revolution in der politischen Welt übernahm, entsprach in Format und Anlage der Denkaufgabe, der die klassische deutsche Philosophie folgte. Am Anfang beider Bewegungen stand der Durchbruch zu einer fundamental neuen Problemstellung und damit die Aussicht auf die Aufgabe, sie insgesamt zu erschließen, auszuarbeiten und in eine Lösung zu überführen, die auf Dauer gestellt werden könnte. Und eben daraus ergab sich auch auf beiden Seiten ein sich selbst erhaltender und steigernder Ablauf – über Wendungen, die nicht vorausgesehen werden konnten und die immer neue Problemlagen hervortrieben, so daß schließlich nicht der wirkliche Abschluß, sondern das Ganze der Bewegung es war, wodurch die Entwicklung ihrem Impetus gerecht geworden ist – in einem Ensemble von Versuchen und Leistungen, die auch heute noch nicht ausgeschöpfte Ressourcen sowohl politischer wie theoretischer Konzepte für Ordnungs- und Verständigungsweisen hervorgebracht hat. Dieser doppelt selbständige Gang aus verwandtem und eigentlich einigem Grund war die Grundlage dafür, daß schon in der eigenen Zeit die Gemeinsamkeiten zwischen beiden Prozessen auffällig werden mußten, ohne daß es doch gelingen konnte, über die Natur und die Gründe dieser Gemeinsamkeit zu einer einvernehmlichen Verständigung zu gelangen.

Auf dem Stand der Einsicht, den wir nunmehr so erreicht haben, müssen wir aber nun noch einmal in den Grund des Gesamtprozesses zurückfragen. Was eigentlich ist es, woraus uns verständlich wird, daß der politische Prozeß der Revolution, welthistorisch betrachtet, nicht für sich und selbstgenügsam seinen Lauf nehmen konnte? Was also ist der eigentliche Grund dafür, daß er in einer philosophischen Bewegung sein Pendant fand und daß er ein solches Pendant auch wirklich finden mußte, um als welthistorisches Ereignis vollständig zu sein?

Die Antwort auf solche Fragen können wir im Anschluß an Erkenntnisse der klassischen deutschen Philosophie selbst gewinnen, auf die wir uns zum Teil auch im vorausgehenden schon gestützt haben: Es gibt keine Praxis des bewußten Lebens, die ohne eine angemessene Selbstbeschreibung dieses Lebens stabil zu werden vermöchte – ob diese Selbstbeschreibung nun Theorieform erreicht oder ob sie erst der Historiker aus informellen Weisen der Selbstverständigung der Nachwelt erschließen muß. Dieser allgemeine Grundsatz gilt aber verstärkt für eine politische Praxis, die ihrerseits auf ein abstraktes Prinzip gestellt ist, wie Hegel sagte: auf den Kopf, nämlich auf einen Gedanken. Ein solcher Gedanke war die formgebende Kraft der Freiheit, das Prinzip der Autonomie. Gerade in einer solchen Epoche konnte die Selbstverständigung nicht diesseits der ausgebildeten Theorieform einhalten.

Denn gerade der moderne Gedanke von Freiheit verlangt von sich aus und aus sich selbst heraus, daß ihm in einer durchartikulierten Begriffswelt ein Kontext erschlossen wird. Eine Weltbeschreibung muß gewonnen werden, innerhalb deren die abstrakte, der Anschauung entzogene Ausgangsevidenz eine wohlbegründete Zentralstellung einzunehmen vermochte – die Beschreibung einer Welt, in der das Projekt eines aus Freiheit gebildeten Lebens sowohl Legitimität wie eine allseits begründete und verfugte Dynamik anzunehmen imstande war. Die klassische deutsche Philosophie hat der Freiheit solche Kontexte wirklich entworfen oder vielmehr erschlossen – nicht durch einen Oktroi oder durch eine bloß um geeignete Mittel der Rechtfertigung besorgte Bemühung, sondern in einer Denkanstrengung, die ihrerseits einzig aus der Identifikation mit der spontan sich ausbildenden Vernunfttätigkeit hervorgegangen war und die aus ihr die eigene Orientierung gewann.

Gewänne die Freiheit einen solchen Kontext nicht, so müßte sie alsbald unter den Verdacht geraten, überschwengliche und realitätsblinde Illusion oder von Interessen geleitete Fiktion zu sein. Der revolutionäre Prozeß hat wirklich sehr bald einen solchen Fiktionsverdacht auf sich und seine Grundidee gezogen. Am wirkungsmächtigsten ist er von Edmund Burke formuliert worden. Indem dies geschah und indem sich auch im Anschluß daran der politische Widerstand der alten Mächte gegen die Revolution artikulierte, begann man in Frankreich und mehr noch in England, die Entwicklung der klassischen deutschen Philosophie mit anderem als nur beiläufigem Interesse zu beachten. Damit ist sie erst zur wirklichen Weltphilosophie ihrer Epoche aufgestiegen.

Wir wissen heute von der Schwierigkeit, dem Gedanken von politischer Freiheit und von Menschenrechten einen angemessenen und im gegenwärtigen Bewußtsein sicher fundierten Kontext zu geben. In vielen Teilen der Welt haben sich vor einem Hintergrund nur verbaler Zustimmung Skepsis, Zynismus und neue Formen der Ausbeutung festgesetzt. Aber die Ideen von 1789 sind dennoch nicht unwirksam geworden. Wenn Stagnation und Korruption sich ausbreiten, so sind es noch immer und immer erneut diese Ideen, auf die sich Völker in ihren Befreiungsbewegungen berufen und stützen. So bildet sich die Problemlage, aus der Französische Revolution und klassische deutsche Philosophie in Europa hervorgingen, auf dem Wege von der zunächst europäischen Revolution zur Weltgesellschaft erneut aus und verlangt noch immer nach derselben Anstrengung, die auf Vernunftordnung des Lebens und zugleich auf eine ihr entsprechende Grundverständigung geht.

Damit zeigt sich aber auch, daß die irrten, welche der Meinung waren, man könne auf den Errungenschaften des abgeschlossenen Prozesses der »bürgerlichen« Revolution aufbauen und an sie eine weitere, nunmehr welthistorische Revolution anschließen, welche die Menschheit auf eine noch höhere Stufe der Verwirklichung ihrer Freiheit führen werde. Wohl beobachteten sie mit Recht, daß die Institutionen der politischen Freiheit nicht schon mit der Begründung eines in der Freiheit verwurzelten Lebenszusammenhanges identisch waren. Aber auch die Revolution in Frankreich, schon in der Verfassung von 1791, war für das Problem der ökonomischen Sicherung der Freiheitsrechte sensibel gewesen. Hätte Louis XVI. sich entschließen können, diese Verfassung wirklich zu favorisieren, so hätte sie später sozialdemokratische Züge annehmen können. In dem Verfassungsentwurf von 1793 spielen solche sozialstaatlichen Züge sogar eine durchaus prominente Rolle. Dagegen muß man wohl einen einfachen, einen eigentlich sogar leicht zu durchschauenden Denkfehler darin erkennen, die politische Revolution in Frankreich binnen kaum mehr als einem Jahrhundert durch eine gesellschaftliche Revolution zugleich überbieten wie auch vollenden zu wollen. Der Prozeß, der sich 1789 die Bahn brach, ist in Wahrheit weit tiefer angelegt und auf eine weiträumige, noch immer offene Zukunft gestellt. Und er bestimmt eine Epoche in einem Maße, das es ausschließt, eine weitere Dynamik von gleicher Art und mit nunmehr garantierten Freiheitsergebnissen noch einmal auf sie aufzusatteln. Jene, die meinten, die Organisation der politischen Freiheit sei damals bereits vollendet worden, sie müsse nun aber durch einen höheren und universaleren Freiheitszustand abgelöst werden, führten aus der Unbesonnenheit und dem vermeintlich geschichtsphilosophisch gestützten Enthusiasmus ihres Willens in unserem Jahrhundert einen Zustand herauf, in dem die Freiheitsgeschichte der Menschheit, die 1789 eben begann und für die eine verläßliche Gesamtgestalt nur allmählich und noch immer unsicher absehbar wird, in eine ihrer größten Krisen gestoßen worden ist – gewiß wider Willen, aber eben auch ohne das doch eigentlich leicht verfügbare bessere Wissen.

So haben wir zu konstatieren: Das Unternehmen von 1789 ist nicht nur unvergeßlich und irreversibel – es ist zugleich auch unvollendet, und sein Ausgang ist, menschheitsgeschichtlich gesehen, noch immer nicht gesichert. Und darum ist es der Menschheit unserer Tage und ihrer Einsicht noch immer überantwortet – freilich unter neuen Bedingungen und insbesondere solchen der ökonomisch gesicherten sozialen Gerechtigkeit.

Und dies gilt wiederum in der uns nun schon geläufigen Doppelung: als politischer Prozeß der Ausbildung einer Weltgesellschaft und als Prozeß einer Grundverständigung, die man als solche eine philosophische nennen muß – nicht im Sinne der Profession von Fachgelehrten, die für Prinzipien zuständig sind, sondern in dem Sinne, in dem Kant, in Übereinstimmung mit Rousseau, in der Philosophie eine Sache des Menschen als solchen gesehen hat – eine Sache also, die in ihm selbst aufkommt und auf die er als solcher antwortet und angewiesen ist.

In Frankreich selbst ist im Jahr des Revolutionsjubiläums eine skeptische Neuorientierung über den politischen Prozeß der Revolution im Gange. Man fragt, ob die Revolution die Opfer wert gewesen ist, die ihr gebracht worden sind. Und man mutmaßt, daß sie in Wahrheit die ökonomische und die politische Entwicklung des Landes um ein halbes Jahrhundert verzögert hat. Gewiß ist es der Intellektuellen eines Landes würdig, den Tendenzen zum unüberlegten Hochgefühl des Feierns in einem Jubiläumsjahr entgegenzudenken. Aber es ist doch ebenso klar, daß eine Bilanzierung, welche die Aktiva nur der Entwicklung Frankreichs im Blick hat, gar nicht angemessen ausfallen kann. Auch von der klassischen deutschen Philosophie ließe sich sagen, daß sie den realen Veränderungen in Deutschland zunächst einmal eher entgegengewirkt hat. So hat sie, um nur ein Beispiel zu nennen, die deutschen Jakobiner darum gebracht, sich auch in ihrem von Frankreich her formulierten Denken weiterhin als avanciert darstellen zu können. Und die politischen Konzepte, welche aus den neuen Grundtheorien der klassischen deutschen Philosophie herausgebildet worden sind, haben – mit der großen Ausnahme Kants – realiter den politischen Mächten, die auf die Eindämmung des revolutionären Prozesses ausgingen, mehr in die Hände gearbeitet als den Freiheitsbewegungen, welche die Welt- und Bürgerrechte einzuklagen nicht aufhörten. Aber auch das ergibt kein entscheidendes Argument gegen die welthistorische Rolle, welche dem Denkimpuls der klassischen deutschen Philosophie unabhängig von transitorischen politischen Folgen, die von ihr ausgingen, dennoch zugeschrieben werden muß. Auch ihr Potential ist so wenig erschöpft oder vollendet wie das des revolutionären Prozesses in Frankreich. Die Freiheit im Friedenszustand einer komplexen Weltgesellschaft, die wir anstreben müssen, bedarf nach wie vor der Kontexte in weltübergreifenden Gedanken. Sie werden sich nur im Bewußtsein der Einsätze und der Theorieprojekte erschließen lassen, welche die klassische deutsche Philosophie erbracht hat. Das Denken, welches von der Freiheit eines spontan sich entfaltenden Vernunftlebens seinen Ausgang und seine Orientierung gewann, und die Organisation und Behauptung der politischen Freiheit innerhalb der modernen Staaten und Produktionsverhältnisse konvergieren also zu einer Aufgabe, deren Natur, deren Schwierigkeit und deren Gewicht für uns durchaus nicht zu Vergangenem wurden, die uns sogar noch weit deutlicher und fühlbarer geworden sind als den Begründern und Zeitgenossen der Epoche der Revolution in Frankreich. Denn wir haben mit Fehlentwicklungen zu rechnen, die für sie nicht absehbar waren. Und wir haben Umbildungen der Bewußtseinslage in der entfalteten modernen Welt und neue Formen der philosophischen Untersuchung zu berücksichtigen, die noch außerhalb ihres Horizontes lagen.

So können unsere Überlegungen dem Glauben auch allererst die eigentlichen guten Gründe zuordnen, den der politisch längst resignierte Georg Forster kurz vor seinem Tode in Paris 1793 so artikulierte: »Ich glaube nun einmal an die Wichtigkeit dieser Revolution im großen Kreise der menschlichen Schicksale, glaube, daß sie sich nicht nur ereignen mußte, sondern auch den Köpfen, den Fähigkeiten eine andere Entwicklung, dem Ideengang eine neue Richtung geben wird.«

Nachweise

Beitrag I
wurde etwa zur Hälfte auf einer Veranstaltung der Siemens-Stiftung in München am 14. Mai 1990 vorgetragen; unveröffentlicht.

Beitrag II,1
in der Süddeutschen Zeitung als Leserbrief veröffentlicht am 17. November 1989

Beitrag II,2
geschrieben am 10. Dezember 1989; unveröffentlicht.

Beitrag II,3
teilweise publiziert als Beitrag zum Forum »Wiedervereinigung – Wider Vereinigung« der Süddeutschen Zeitung am 20. Februar 1990.

Beitrag III
Thesen und Vortrag auf der Versammlung der Goethe-Gesellschaft in Weimar im Mai 1989; unveröffentlicht, erscheint später auch im Goethe-Jahrbuch, Band 107 der Gesamtfolge.

318/2/12.88

edition suhrkamp
Eine Auswahl

318/3/12.88

318/4/12.88

edition suhrkamp
Eine Auswahl

Imperialismus und strukturelle Gewalt. Hg. von D. Senghaas. es 563
Irigaray: Speculum. es 946
Jahoda/Lazarsfeld/Zeisel: Die Arbeitslosen von Marienthal. es 769
Jakobson: Kindersprache, Aphasie und allgemeine Lautgesetze. es 330
Jasper: Die gescheiterte Zähmung. Wege zur Machtergreifung Hitlers 1930-1934. NHB. es 1270
Jauß: Literaturgeschichte als Provokation. es 418
Johnson: Begleitumstände. Frankfurter Vorlesungen. es 1019
– Der 5. Kanal. es 1336
– Jahrestage. Aus dem Leben von Gesine Cresspahl. 4 Bde. es 1500
– Karsch, und andere Prosa. es 59
– Porträts und Erinnerungen. es 1499
– Versuch einen Vater zu finden. Tonkassette mit Textheft. es 1416
Jones: Frauen, die töten. es 1350
Joyce: Werkausgabe in sechs Bänden. es 1434-1439
– Bd. 1: Dubliner. es 1434
– Bd. 2: Stephen der Held. es 1435
– Bd. 3: Ulysses. es 1100
– Bd. 4: Kleine Schriften. es 1437
– Bd. 5: Gesammelte Gedichte. es 1438
– Bd. 6: Finnegans Wake (englisch). es 1439
– Finnegans Wake. Übertragungen. es 1524
– Penelope. es 1106
Hans Wollschläger liest ›Ulysses‹. Tonbandkassette. es 1105
Kenner: Ulysses. es 1104
Kindheit in Europa. Hg. von H. Hengst. es 1209
Kipphardt: In der Sache J. Robert Oppenheimer. es 64
Kirchhoff: Body-Building. es 1005
Kluge, A.: Gelegenheitsarbeit einer Sklavin. es 733
– Lernprozesse mit tödlichem Ausgang. es 665
– Neue Geschichten. Hefte 1-18. es 819
– Schlachtbeschreibung. es 1193
Kluge, U.: Die deutsche Revolution 1918/1919. NHB. es 1262
Koeppen: Morgenrot. Anfänge eines Romans. es 1454
Kolbe: Abschiede und andere Liebesgedichte. es 1178
– Bornholm II. Gedichte. es 1402
– Hineingeboren. Gedichte 1975-1979. es 1110
Konrád: Antipolitik. es 1293
– Stimmungsbericht. es 1394
Kriegsursachen. Friedensanalysen Bd. 21. es 1238
Krippendorff: Staat und Krieg. es 1305
– »Wie die Großen mit den Menschen spielen.« es 1486
Kristeva: Liebesgeschichten. es 1482
– Die Revolution der poetischen Sprache. es 949

318/5/12.88

edition suhrkamp
Eine Auswahl

Kritisches Wörterbuch der Französischen Revolution. 5 Bde. es 1522
Kroetz: Bauern sterben. es 1388
– Frühe Prosa/Frühe Stücke. es 1172
– Furcht und Hoffnung der BRD. es 1291
– Heimarbeit. es 473
– Mensch Meier. es 753
– Nicht Fisch nicht Fleisch. es 1094
– Oberösterreich. es 707
– Stallerhof. es 586
Krolow: Ausgewählte Gedichte. es 24
Laederach: Fahles Ende kleiner Begierden. es 1075
– Vor Schrecken starr. es 1503
– Der zweite Sinn oder Unsentimentale Reise durch ein Feld Literatur. es 1455
Lefèbvre: Einführung in die Modernität. es 831
Lehnert: Sozialdemokratie zwischen Protestbewegung und Regierungspartei 1848-1983. NHB. es 1248
Lem: Dialoge. es 1013
Lenz: Leben und Schreiben. Frankfurter Vorlesungen. es 1425
Leroi-Gourhan: Die Religionen der Vorgeschichte. es 1073
Leutenegger: Lebewohl, Gute Reise. es 1001
– Das verlorene Monument. es 1315
Lévi-Strauss: Das Ende des Totemismus. es 128
– Mythos und Bedeutung. es 1027
Die Listen der Mode. Hg. von S. Bovenschen. es 1338
Literatur und Politik in der Volksrepublik China. es 1151
Löwenthal: Mitmachen wollte ich nie. es 1014
Logik des Herzens. Hg. von G. Kahle. es 1042
Lohn: Liebe. Zum Wert der Frauenarbeit. Hg. von A. Schwarzer. es 1225
Lukács: Gelebtes Denken. es 1088
Maeffert: Bruchstellen. Eine Prozeßgeschichte. es 1387
Mandel: Marxistische Wirtschaftstheorie. 1/2. es 595/596
Marcus: Umkehrung der Moral. es 903
Marcuse: Ideen zu einer kritischen Theorie der Gesellschaft. es 300
– Konterrevolution und Revolte. es 591
– Kultur und Gesellschaft 1. es 101
– Kultur und Gesellschaft 2. es 135
– Versuch über die Befreiung. es 329
Maruyama: Denken in Japan. es 1398
Mattenklott: Blindgänger. es 1343
Mayer: Anmerkungen zu Brecht. es 143
– Gelebte Literatur. Frankfurter Vorlesungen. es 1427
– Versuche über die Oper. es 1050

318/6/12.88

edition suhrkamp
Eine Auswahl

318/7/12.88

edition suhrkamp
Eine Auswahl

Petri: Schöner und unerbittlicher Mummenschanz. Gedichte. es 1528
– Zur Hoffnung verkommen. Gedichte. es 1360
Politik der Armut. Hg. von S. Leibfried und F. Tennstedt. es 1233
Populismus und Aufklärung. Hg. von H. Dubiel. es 1376
Powell: Edisto. es 1332
– Eine Frau mit Namen Drown. es 1516
Psychoanalyse der weiblichen Sexualität. Hg. von J. Chasseguet-Smirgel. es 697
Pusch: Das Deutsche als Männersprache. es 1217
Raimbault: Kinder sprechen vom Tod. es 993
Ribeiro, D.: Unterentwicklung Kultur und Zivilisation. es 1018
– Wildes Utopia. es 1354
Ribeiro, J. U.: Sargento Getúlio. es 1183
Rodinson: Die Araber. es 1051
Roth: Die einzige Geschichte. Theaterstück. es 1368
– Das Ganze ein Stück. Theaterstück. es 1399
– Krötenbrunnen. Ein Stück. es 1319
Rubinstein: Immer verliebt. es 1337
– Nichts zu verlieren und dennoch Angst. es 1022
– Sterben kann man immer noch. es 1433
Rühmkorf: agar agar – zaurzaurim. es 1307
Russell: Probleme der Philosophie. es 207
– Wege zur Freiheit. es 447
Schindel: Geier sind pünktliche Tiere. es 1429
– Im Herzen die Krätze. es 1511
– Ohneland. es 1372
Schlaffer: Der Bürger als Held. es 624
– Die Bande. Erzählungen. es 1127
Schönhoven: Die deutschen Gewerkschaften. NHB. es 1287
Schrift und Materie der Geschichte. Hg. von C. Honegger. es 814
Schröder: Die Revolutionen Englands im 17. Jahrhundert. NHB. es 1279
Schubert: Die internationale Verschuldung. es 1347
Das Schwinden der Sinne. Hg. von D. Kamper und C. Wulf. es 1188
Sechehaye: Tagebuch einer Schizophrenen. es 613
Senghaas: Konfliktformationen im internationalen System. es 1509
– Von Europa lernen. es 1134
– Weltwirtschaftsordnung und Entwicklungspolitik. es 856
– Die Zukunft Europas. es 1339
Simmel: Schriften zur Philosophie und Soziologie der Geschlechter. es 1333
Sloterdijk: Der Denker auf der Bühne. es 1353
– Eurotaoismus. es 1450

318/8/12.88

edition suhrkamp
Eine Auswahl

318/9/12.88

edition suhrkamp
Eine Auswahl

Weiss, P.: Die Besiegten. es 1324
– Fluchtpunkt. es 125
– Das Gespräch der drei Gehenden. es 7
– Der neue Prozeß. es 1215
– Notizbücher 1960-1971. 2 Bde. es 1135
– Notizbücher 1971-1980. 2 Bde. es 1067
– Rapporte. es 276
– Rapporte 2. es 444
– Der Schatten des Körpers des Kutschers. es 53
– Stücke I. es 833
– Stücke II. 2 Bde. es 910
– Die Verfolgung und Ermordung Jean Paul Marats ... es 68
Sinclair (P. Weiss): Der Fremde. es 1007
Peter Weiss im Gespräch. Hg. von R. Gerlach und M. Richter. es 1303
Wellershoff: Die Auflösung des Kunstbegriffs. es 848
Die Wiederkehr des Körpers. Hg. von D. Kamper und C. Wulf. es 1132
Wippermann: Europäischer Faschismus im Vergleich 1922-1982. NHB. es 1245
Wirz: Sklaverei und kapitalistisches Weltsystem. NHB. es 1256
Wissenschaft im Dritten Reich. Hg. von P. Lundgreen. es 1306
Wittgenstein: Tractatus logico-philosophicus. es 12
Wünsche: Der Volksschullehrer Ludwig Wittgenstein. es 1299
Ziviler Ungehorsam im Rechtsstaat. Hg. von P. Glotz. es 1214

318/10/12.88